지금 당신은 어떤 세상에 살고 싶습니까?

지금 당신은 어떤 세상에 살고 싶습니까?

절망사회를 건너는 11개의 시대정신

초판 1쇄 발행 2017년 3월 10일 ＼**초판 2쇄 발행** 2017년 7월 1일
기획 희망제작소 ＼**지은이** 이원재 황세원
펴낸이 이영선 ＼**편집 이사** 강영선 ＼**주간** 김선정
편집장 김문정 ＼**편집** 임경훈 김종훈 하선정 유선 ＼**디자인** 김회량 정경아
마케팅 김일신 이호석 김연수 ＼**관리** 박정래 손미경 김동욱

펴낸곳 서해문집 ＼**출판등록** 1989년 3월 16일(제406-2005-000047호)
주소 경기도 파주시 광인사길 217(파주출판도시) ＼**전화** (031)955-7470 ＼**팩스** (031)955-7469
홈페이지 www.booksea.co.kr ＼**이메일** shmj21@hanmail.net

ISBN 978-89-7483-836-2 03300
값 15,000원

이 도서의 국립중앙도서관 출판시도서목록(CIP)은 e-CIP 홈페이지(http://www.nl.go.kr/ecip)에서
이용하실 수 있습니다.(CIP제어번호: CIP2017004539)

희망제작소 기획
이원재 황세원 지음

지금 당신은 어떤 세상에 살고 싶습니까?

절망사회를 건너는
11개의 시대정신

서해문집

우리는 어떤 사회에
살고 싶은가

"시대정신을 한번 찾아볼까요?"

2015년 말, 다음해인 희망제작소 창립 10주년을 기념할 연구 주제를 찾기 위해 연구원들과 머리를 맞대고 궁리하던 중이었다. 문득 마음속에 담아두었던 이야기를 꺼냈다. 한국 사회가 어디로 가야 할지를 찾아보자는 제안이었다.

밑도 끝도 없는 제안에 다들 낯설어했다. 그도 그럴 것이, '시대'라는 화두도 '정신'이라는 단어도 희망제작소에서 흔히 쓰던 말이 아니었다. 희망제작소는 창립 이래 늘 지역에서, 시민과 함께, 풀뿌리 방식으로, 천천히 작은 변화를 추구하던 싱크탱크였다. 크고 거대한 이야기는 일부러 거리를 두는 편이었다. 큰 이야기는 흔히 공허해지고, 거창한 제목은 종종 왜소한 결말로 이어질 수 있기 때문이었다. 희망제작소는 작더라도 실제로 구체적인 변화로 이어지는 일들을 끈덕

지게 찾아 다녔다. 10년 동안 그렇게 수많은 일을 해왔다.

그럼에도 나는 꼭 한 번은 '크고 거창해 보이는' 이야기, '시대정신'에 대한 질문을 희망제작소가 꺼냈으면 했다. 작은 이야기들은 결국 큰 이야기로 수렴되어야 하기 때문이다. 따라서 희망제작소 10년을 정리하는 연구라면 이 주제가 맞을 것이라고 믿었다.

이 책은 그렇게 시작됐다.

2016년 말, 대한민국은 뜨거웠다. 광장에는 수백만의 목소리가 모여들었다. 함성은 귀를 찢을 듯 요란했다. 거리는 승리의 축제 자리처럼 환했다. 같은 마음으로 촛불을 켜고, 같은 마음으로 촛불을 껐다. 수백만이 다 같이 촛불을 끈 순간, 촛불 없는 세상이 얼마나 어두웠는지를 보여주는 듯 암흑이 찾아왔다. 곧 촛불을 다시 켤 때

환희가 돌아왔다.

광장의 함성 다음에는 무엇이 와야 하는 것일까? 답은 명확하다. 새로운 세상이다. 하지만 함성이 지속되는 동안에는 열망만 분출될 뿐 어디로 가야 할지 방향을 잡기가 어렵다. 광장의 함성 뒤 거대한 실망이 뒤따라오곤 하는 것도 그래서다.

광장을 떠나는 이들은 누구나 아주 잠깐이라도 생각했을 것이다. '그래서 이 다음에 우리는 어디로 가야 할까?' 이 질문은 '지금 우리 사회를 관통하는 시대정신은 무엇일까?'와 같은 것이다. 우리가 다 다라야 할 목적지는 뛰어난 누군가가 정하는 것이 아니라, 우리 스스로에 대한 질문에서 나오는 것이기 때문이다. 한국 사회는 어디에 서 있는 것이고, 문제는 어디에 있으며, 우리가 더 나은 삶을 살려면 어떤 사회를 만들어가야 하는 것일까? 우리는 어디를 바라보아야 하는 것이고, 무엇과 싸워야 하는 것일까?

2016년 초, '시대정신은 무엇일까?'라는 질문을 희망제작소가 본격적으로 던지기 시작했을 때 이미 우리 사회에는 시민들이 느끼는 혼돈과 분노와 열망이 존재했다. 연결되고 모이지 않아서 분명히 보이지 않았을 뿐이다. 그리고 그것은 얼마 후 광장에서 뜨겁게 표출되었다.

'가부장적 권위주의 국가'에서 '시장만능주의 국가'로 급격히 변화한 한국 사회는 방향을 잃고 있었다. 한국 사회는 제2차 세계대전

이후 폐허에서 시작해 산업화와 민주화를 모두 이룬, 세계에서 몇 안 되는 나라로 꼽힌다. 하지만 그 빛나는 성과는 흔들리고 있었다. 성장을 했고 국민소득이 늘었다지만, 불안과 불평등의 심화로 사람들은 성장의 결실을 체감하지 못하고 있었다. 대통령 직선제를 도입하고 삼권분립과 지방자치제도를 마련한 민주화된 국가라지만, 사람들은 자신의 목소리가 정치에 반영되지 않는다고 느꼈다. 불만은 커지기만 하고 있었다.

청년들은 일자리가 없다고 아우성이었다. 생의 마지막 순간을 비참한 나락에서 보내게 될 것을 확신한 노인들은 스스로 세상을 등졌다. 청년실업률은 치솟고 노인자살률은 세계 최고 수준이다. 주거비와 양육비가 부담되어 결혼을 하지 않겠다고 나서는 이들이 늘어났다. 취업하지 못한 이들은 경제적 고통에 시달렸고, 취업해 끝까지 버티려던 이들은 자주 직장 밖으로 떨궈져 나왔다. 취업해 성공했다는 이들도 보람 없는 일터에서 고통스럽게 장시간 노동을 이어가고 있다고 했다.

환경은 더 무너져가고 있었다. 매년 미세먼지는 짙어지고, 기후변화로 더위가 깊어졌다. 북한은 핵무기를 개발했고 남북 간 교류는 완전히 끊어졌다.

이 외중에 경제는 저성장 국면으로 접어들었다. 중화학 공업과 부동산에 의존하던 한국 경제는 휘청거리기 시작했다. 조선업도 자동차도 철강도 흔들렸다. 치솟던 부동산값은 거품이고, 부동산값 상승에 기댄 건설 부문 성장도 환상이라는 이야기가 정설이 되어갔다. 경제성장의 상당 부분을 떠받치던 건설 경기가 무너지고 좋은 일자리를 만들어내던 수출 제조업 대기업들이 흔들리면 경제는 바다을 모르고 추락할 수도 있다는 전망이 나왔다. 그다지 희망이라고는 보이지 않는 형국이었다.

'한국 사회는 이제 어디로 가야 하는 것인가요?'

싱크탱크 희망제작소의 소장으로 일하는 동안, 후원회원들과 시민들을 만나면 끊임없이 이런 질문을 받았다. 질문하는 이들의 생각은 각양각색이었지만 한 가지 공통점이 있었다. 지금 이대로는 안 된다는 것이다. 보수적인 사람도 진보적인 사람도, 학자도 현장 활동가도 기업인도, 고소득 중년 직장인도 청년 아르바이트생도 모두 같은 생각이었다. '한국 사회가 지금 이대로는 어렵다.'

하지만 누구도 '그래서 어디로 가야 한다'는 이야기를 쉽게 꺼내지 못했다. 다들 누군가 다른 사람이 방향을 던져주기를 원하고 있었다. 자기 앞에 던져진 방향을 보고 받아들일지 말지를 결정하겠다는 태도였는지도 모르겠다. 방향을 정하는 일은 좀 더 현명한 이들이 해주면 좋겠다는 생각이었는지도 모르겠다. 어쨌든 전문가도 활동가도 다들 그런 식이었다. 확신을 갖고 방향을 이야기해주는 이는 거의 없었다. 다들 끊임없이 질문만 던져댔다.

내가 문득 '시대정신을 찾자'는 아이디어를 낸 것은, 실은 언론에서 토론회에서 찻집에서 식당에서 '싱크탱크'라는 이름 덕에 수없이 받았던 질문의 압박 속에서 튀어나왔는지도 모른다. 어쨌든 다행스럽게도, 희망제작소의 용감한 연구원들은 시대정신 찾기의 거창한 여정에 선뜻 뛰어들어주었다. 전 과정의 실무를 책임진 황세원 선임연구원을 비롯해서 많은 분들이 함께해준 덕분에 막연한 제안은 구체화될 수 있었다.

문제는 방법이었다. 우리는 일단 '시대정신'에 대한 발제를 해본다고 생각하고 첫걸음을 디뎌보기로 했다. 우리가 시대정신을 처음부터 끝까지 모두 정리해 결론을 내릴 수는 없을 것이라고 생각했다. 대신 시민들을 상대로 발제를 해볼 수는 있겠다고 생각했다. 하지만 그 정도 수준을 만드는 데도 정교한 설계가 필요했다. 현실을 소리 높여 비판할 때는 100명이 모였다가, 왜 비판하는지 이유를 대자고 하면 10명이 남았다가, 그럼 대안을 내놓자고 하면 2명만 남는다는 이야기가 있다. 그 2명조차도 서로 반대 방향의 대안을 내놓기가 쉽다. 그만큼 방향을 제시하고 대안을 내놓기란 어렵다.

그래서 우리는 한국 사회에 대해 오랫동안 생각해온 분들의 이야기를 들어보기로 했다. 그들의 생각 속에는 다양한 시민들의 의견이 응축되어 있을 수 있다. 또한 우리는 다양한 분야, 다양한 성향의 전문가들의 이야기를 듣기로 했다. 경제관료 이야기도 듣고, 복지국가 운동가 이야기도 듣고, 사회학자 이야기도 들어보기로 했다. 그래서

11명의 인터뷰 대상자를 선정했다. 그들을 각각 만나서 두 시간 이상, 충분히 긴 이야기를 나눠보기로 했다.

그중에는 서로 같은 자리에서 만날 일이 평생 없을 것 같은 분들도 있었다. 그렇지만 이야기를 나눠보니 공통점이 보였다. 이 공통점을 뽑아내보기로 했다. 이 과정에서 우리의 임의성이 들어가지 않도록 과학기술의 힘도 빌리기로 했다. 전문가에게 의뢰해 이들의 언어를 분석하는 일이었다. 이들이 던진 단어들 사이에 자신들도 모르게 형성된 연결망을 분석해보기로 했다. 아르스프락시아 김도훈 대표가 흔쾌히 이 일을 맡아줬다.

"지금 한국 사회의 가장 큰 문제는 무엇인가요?"
"이대로 5년이 흐른다면 한국 사회는 어떻게 될까요?"
"앞으로 5년 동안 우리는 무엇을 해야 할까요?"

각각의 인터뷰에서 우리는 이 세 가지 질문을 던졌다. 단순해 보이지만 오랜 고민을 담은 질문들이었다. 이 단순한 질문만으로도 늘 두 시간이 모자랐다. 인터뷰 대상자들은 다른 인터뷰들까지 꼼꼼히 읽으면서 열성을 다해 대답했다. 질문이 단순할수록 더 좋은 대답을 들을 수 있다는 진리를 다시 확인할 수 있었다.

매우 상충되는 세계관을 가진 것으로 보이던 두 인터뷰 대상자에게서 상당한 유사성이 발견돼 놀라기도 했다. 이런 유사성은 나중에 우리의 어휘 분석 결과에서도 여러 방식으로 드러났다. 처음에는 코끼리 다리 만지기 같던 인터뷰가, 한 차례 한 차례 이어지면서 점점 더 코끼리 전체의 그림으로 변모해갔다.

지금 한국 사회는 어디로 가야 하는 것인가. 이 책은 그 질문에 대한 우리의 답을 담았다. 여기에 공감할 수도 있고 그러지 않을 수도 있겠다. 어느 쪽이든 좋다. 이제 시대정신에 대한 진지한 토론을 시작하자. 이런 토론을 시작하고자 하는 이들에게 좋은 재료가 되기를 바라며 이 책을 썼다.

다시 말하지만 이 책은 여러 사람들의 경험과 능력들이 모여 빚어낸, 집단지성의 성과다. 아무 대가 없이 흔쾌히 인터뷰에 응해주신 열한 분의 전문가들, 인터뷰의 핵심내용들을 각각 한 편의 글로 정리한 황세원 선임연구원, 이를 온라인으로 연재할 수 있도록 도와준 김도훈 허핑턴포스트코리아 편집장, 류호성 에디터, 동영상 클립으로 제작해준 이윤섭 비디오 에디터, 좋은 사진을 찍어준 이우기·권하형 작가, 의미 연결망 분석을 해준 김도훈 아르스프락시아 대표, 그리고 처음부터 끝까지 모든 세세한 고민의 과정에 함께한 이은경, 황현숙, 최은영 등 희망제작소 구성원들이 모두 이 책의 공동저자인 셈이다. 출간 제안에 흔쾌히 응해주시고 세심한 작업을 해주신 서해문집의 구성원들께도 감사의 말을 전하고 싶다.

나는 희망제작소를 떠났지만, 희망제작소는 계속해서 부지런히 시민들을 만나 좋은 일, 좋은 정치, 풀뿌리 지방자치에 대해 토론하고 있다. 그 과정마다 시대정신에 대한 고민은 늘 바탕에 깔릴 것이다. 희망제작소가 직접 주관하는 자리만이 아니라, 시민들이 모여서 토론하고 더 나은 사회를 고민하는 자리들마다 그랬으면 좋겠고, 부족하나마 이 책이 토론의 불쏘시개가 될 수 있다면 좋겠다.

우리는 우리가 어떤 사회에서 어떤 삶을 살고 싶은지 질문하는 법을 잊고 있다. 너무 오랫동안 고속성장의 한 방향으로만 달려왔기 때문이다. 혼란스럽고 불안한 지금이야말로 바로 전체를 펼쳐 놓고 새로운 그림을 그려볼 때다. 또한 이 질문에 대한 나만의 답을 해볼 때다. 그리고 그 답과 다른 이들의 답을 놓고 토론해볼 때이기도 하다.

"지금 당신은 어떤 사회에 살고 싶으신가요?"

저자를 대표하여, 이원재

(경제평론가, 여시재 기획이사, 전 희망제작소 소장)

차 례

한국은 봉건사회로 회귀 중

이헌재
전 경제부총리
여시재 이사장

닫힌 사회를 열린 사회로 전환시켜야 한다

"

1968년 행정고시에 합격하면서 공직 생활을 시작했다. 재무부에서 금융정책과장과 재정금융 심의관을 거친 후, 미국으로 건너가 보스턴대학교 대학원 경제학과 석사학위를 취득하고 이듬해 하버드대학교 대학원 최고경영자 과정을 이수했다. 1982년 (주)대우의 상무이사로 취임하여 이후 대우반도체(주) 대표이사 전무, 한국신용평가(주) 대표이사 사장을 지냈다. 1997년 김대중 대통령 당선자 비상경제대책위원회 실무기획단장으로 공직에 복귀한 후 1998년부터 2000년까지 금융감독위원회 위원장을, 2000년에는 재정경제부 장관을 역임했다. 그리고 2004년 2월~2005년 3월 노무현 정부의 부총리 겸 재정경제부 장관을 지냈다. 현재 민간 싱크탱크 여시재의 이사장으로 있다.

> "정책은 대담하고 단순해야 한다.
> 젊은이들의 무한한 창의력이 펼쳐지도록, 기회가 열려 있고
> 차별이 없는 '놀이터'를 만들어주기만 하면 된다." 〞

2016년 1월, 서울 종로구에 위치한 사무실에서 이헌재 전 부총리를 만났을 때, 두 시간 넘는 인터뷰를 관통한 것은 이 메시지였다.

첫 번째로 이 전 부총리를 만난 것은 대한민국의 경제 현실, 그리고 관련 정책들의 적절성에 대한 대중의 관심이 가장 크다는 판단 때문이었다. 1997년 외환위기 당시 비상경제대책위원회 실무단장, 1998년 기업·은행 구조조정 당시 금융감독위원장, 신용카드 위기가 심각했던 2004년 경제부총리 겸 재정경제부 장관으로 일했던 경험에 기반한 날카로운 분석과 조언이 나오기를 기대했다.

이 인터뷰에서 이 전 부총리는 "주력 세대가 스스로 길을 찾아가야 하는데 은퇴한 사람이 이래라저래라 하는 것은 좋지 않다"면서 조심스러워했다. 실제로 '젊은이들이 이렇게 해야 한다'는 식의 이

야기는 전혀 하지 않았다. 다만 정책 방향에 대해서는 강한 어조로 의견을 피력했다. 지금의 '주력 세대', 즉 젊은 세대가 스스로 길을 찾아나가는 데 걸림돌이 되는 현상과 정책이 많다는 답답함이 바탕에 깔려 있었다.

후기산업사회 증후군에 봉건사회 회귀 현상까지

이 전 부총리에 따르면 현재 대한민국은 선진국들과 함께 후기산업사회(Post Industrialism) 증후군을 앓고 있다. 1960년대 미국의 존슨Lyndon B. Johnson 대통령이 '그레이트 소사이어티Great Society'라고 표현했던 풍요로운 산업사회가 지나가면서 이 시대를 지배했던 중산층도 사라져버렸다. 대형 공장 같은 안정적 직장에 다니며 월급 받아 집 사고 자녀 교육시키고, 은퇴한 뒤에는 연금 받아서 노후를 꾸리던 중산층이 사라진다는 것은 사회의 중심축이 흔들린다는 것이다. 그리고 그 세금으로 인프라를 구축하고 복지를 운영했던 정부도 위축된다. 이 전 부총리는 "미국은 가장 앞선 사회였기에 번영을 오래 누렸지만 우리는 20~30년도 못 누리고 다음 시대를 맞았기 때문에 문제가 더 심각하다"고 진단했다.

가장 대표적인 사회문제는 소득 양극화다. 이는 필연적으로 축적된 재산의 양극화, 기회의 양극화를 가져오며 기술과 지식의 양극화로 이어지다가 결국은 사회 양극화(Social Divide)를 불러온다. 이 전 부총리는 "우리는 여기에 한 가지 문제가 더 있다"면서 "전통적인 세습사회, 봉건사회로의 복원력이 굉장히 강하다는 것"이라고 지적했다.

"조선시대에서 일제강점기, 6·25 전쟁을 거쳐 근대국가로 오는 짧은 시간에 극심한 사회혼란을 겪었기 때문에 우리는 제대로 근대화 과정을 치르지 못했습니다. 그 때문에 스스로 새로운 것들을 시도하고 만들어낸 경험이 부족했고 자발성과 주동성을 기르지 못했습니다. 시민사회가 제대로 형성되지 못한 것이죠. 정부를 욕하면서 정부에 대한 의존도가 큰 것도 그 이유입니다. 시장(market)에서도 문제가 나타납니다. 어떤 성과를 얻으면 이것을 공동체와 사회 전체로 확산시키는 것이 아니라 바로 진입장벽을 치고 자기 집안과 가문의 것으로 독점하려고 하는 행태가 강해집니다."

이렇게 독과점적 지위를 얻은 소수가 이를 바탕으로 초과소득을 얻으려는 '지대추구'(rent taking) 현상이 지금 대한민국에 만연해지고 있다는 분석이다. 공무원, 변호사, 회계사 등의 자격을 얻는 데 사회적 역량이 집중되는 것도 지대추구 현상의 하나라면서 이 전 부총리는 "사회가 한 방향으로 가면 다양성과 역동성이 줄어들고 각종 문제는 더욱 심각해진다"고 우려했다.

정부가 미래 먹거리를
없애고 있다

일본식 장기불황, 스태그플레이션, 신新성장동력 부재 등 우리 경제에 대한 여러 진단들에 대해 이 전 부총리는 "모두 예전의 분석 틀로 보려고 하는 것"이라면서 "그런 틀로 보면 해답을 찾을 수 없다"고 했다. 어느 사회에서나 성장동력이란 나타났다 사라지기를 반복하게 마련이므로, 계속해서 새로운 물결이 일어날 수 있도록 열린 사회를 만드는 게 관건이라는 것이다. 이를 위해 가장 중요한 것이 앞에서 말한 세습사회로 돌아가지 않도록, 다양성과 창의성이 발현되게 보장하는 것이라는 설명이다.

"다양성이 곧 경쟁력입니다. 종의 다양성이 자연계를 지탱하는 것과 같은 이치입니다. 다양성이 줄어들면 사회의 경쟁력과 역동성이 유지될 수가 없어요. 다양성과 직결되는 것이 계층 이동의 가능성입니다. 그래서 세습사회로의 회귀 현상이 걱정되는 것입니다."

이 전 부총리는 또한 "무엇보다 시장에서 다양한 룰이 자생적으로 생겨나도록 하는 것이 중요하다"고 했다. 이 맥락에서 강하게 비판한 것이 정부가 산업에 직접 개입하는 것이다.

"신사업을 일으킨다고 정부가 손을 댈수록 다양성이 사라지고 성장동력이 없어집니다. 사람들이 알아서 찾아낸 먹거리도 잃어버리게 할 뿐입니다. 다양한 룰이 알아서 생겨나도록 시장에 자율권을 부여하고, 정부는 그 시장이 잘 유지되도록 가이드라인만 주면 됩니다."

이 원칙에 대해 이 전 부총리는 여러 가지 예를 들어 설명했다. 그중 하나가 1998년 기업 구조조정 당시 직접 제시했던 '부채비율 200%' '회계투명성'이라는 가이드라인이다. 이는 당시 재벌과 대기업을 망라해 모든 기업에 시장 퇴출 기준으로 작용했고, 이를 끝내 맞추지 못한 기업은 문을 닫았다. 대표적인 곳이 대우그룹이다.

"부채비율 200%를 안 맞춘다고 정부가 벌을 준 것이 아닙니다. '부채비율 200%가 넘는 기업은 건전성에 문제가 있다'는 가이드라인을 제시하자 시장이 그에 맞게 바뀐 것입니다. 높은 부채비율과 회계 불투명성에 대한 우려가 그 당시에 이미 높았기 때문입니다."

이 전 부총리는 지금도 사회에는 여러 가지 문제의식이 존재하므로 정부는 정확한 현실인식을 통해 이를 읽어내야 한다고 했다.

"요 몇 년 사이에 경제민주화에 대한 인식이 자리 잡혔습니다. 가진 자들의 '갑질'은 예전부터 있었지만 이제 사람들이 용납하지 않습니다. 사회적인 감시가 시작된 것입니다. 이를 보면 정부가 어떤 가이드라인을 제시해야 할지 알 수 있습니다."

이렇게 가이드라인만 제시한 뒤 그에 맞지 않는 산업이나 기득권층이 시장에서 자연히 경쟁력을 잃도록 해야지, 정부가 직접 구조조정을 하면 오히려 경쟁력 없는 산업이 더 오래 존속하게 될 수 있다는 설명이다. 사람들이 알아서 찾아낸 먹거리가 정부가 '손을 대는' 바람에 사라진 구체적인 예로 이 전 부총리는 '하숙집'을 들었다.

"요 몇 년 사이에 경제민주화에 대한 인식이 자리
잡혔습니다. 가진 자들의 '갑질'은 예전부터 있었지만 이제
사람들이 용납하지 않습니다. 사회적인 감시가 시작된
것입니다. 이를 보면 정부가 어떤 가이드라인을 제시해야
할지 알 수 있습니다."

"예전에 많았던 셋집, 하숙집 등은 자연스럽게 생겨난 것이었습니다. 우리 생활에 필요한 제도였고 바람직한 기능이 있었습니다. 그런데 정부가 '임대산업' '숙박산업'으로 유도하면서 그 다양성이 사라지고 말았습니다. 영국 등 다른 나라들에는 '베드 앤드 브렉퍼스트Bed&Breakfast'와 같은 이름으로 하숙집이 여전히 남아 있는데 말입니다."

그 밖에도 이 전 부총리는 택시·화물차 등 차량 지입제를 과도하게 규율하면 '우버'와 같은 신산업이 나타날 수 없다는 것, 시내 면세점 허가를 정부가 쥐고 있으면 기존 대기업들만 대상이 된다는 것 등의 예를 더 들었다. 그리고 "정부가 미래 먹거리를 만드는 게 아니라 없애고 있다"는 비판을 더했다. 시장과 관련해서 정부가 할 일은 오직 기득권에 의한 시장 왜곡, 불공정한 거래를 방지하는 것 정도라고 했다. 이 말은 곧 정부가 할 일은 '공정성'을 지키는 것이라는 뜻으로 들리기도 한다. 그렇지만 이 전 부총리는 "공정성이다, 정의다 하는 개념은 시대에 따라 의미가 다를 수 있으므로 기준으로 삼기에는 부적절하다"고 했다. 그보다는 '정확한 현실 인식'이 정책 가이드라인의 기준이 돼야 한다는 것이다.

"전세가 전월세·월세로 전환되어 서민층 부담이 커진다고 해서 집주인들의 행태가 '불공정하다'는 시각으로 접근하면 안 됩니다. 금리가 낮으면 집주인들이 전세를 올리고, 전월세·월세를 선호하게 되는 것은 금리에 따라 주식과 채권 가격이 오르내리는 것처럼 당연한 현상입니다. 여기 직접 개입하는 것보다는 현재 주택의 소유 형태, 소유주와 거주자의 상황이 과거와 어떻게 달라졌는지, 어떤 추세가 있는지 정확하게 현실 인식을 해야 합니다. 그래야 불필요한 왜곡을 만들어내는 요소들을 잡을 수 있습니다."

이 전 부총리는 헤겔이 《법철학》 서문에서 "미네르바의 부엉이는 해가 져야 날개를 편다"고 한 것이 그런 맥락이라면서 "인식, 판단과 그에 따른 법체계는 현실이 끝나야 온다는 것이며, 그렇기 때문에 일단은 시장이 아우성치면서 작동하도록 해야 한다는 뜻"이라고 했다.

정부가 할 수 있는 긍정적인 일의 예를 들기도 했다. 최근 발견되는 현상인 '참여적 솔루션'을 장려하는 것이다. 이 전 부총리는 "기업의 경영에 참여하려는 전문가, 이해관계자들이 생겨나고 있다"고 했다. 예를 들어 변호사나 회계사 등이 앉아서 고객만 기다리는 게 아니라 전망 있는 벤처기업들이 설립될 때 법적 · 재무적 컨설팅을 해주는 대신 지분 투자에 참여하는 식이다. 그렇게 되면 참여자로서 관심이 생기기 때문에 독단적인 경영으로 인한 불이익을 보아 넘길 수 없게 되고, 결과적으로 건전하고 민주적인 기업구조를 만들게 된다는 것이다. "이런 투자에 따른 소득에 대해 일정 기간 소득세를 안 받는 식으로 정부는 역할을 할 수 있다"고 이 전 부총리는 설명했다.

비슷한 예로, 새로운 지역에 백화점이 들어설 때 지역 상인들에게 지분 참여를 보장하는 기업에 허가를 내준다든지, 프랜차이즈 가

맹점주에게 본사 스톡옵션을 제공하는 기업에 혜택을 주는 식으로
'참여적 솔루션'을 확산시키는 방법을 제시했다.

'동일대우' 지켰으면
노동문제 자연히 해결됐다

정부가 정책을 펼 때 현실 인식이 미흡해서 부작용만 키
운 단적인 예가 노동문제다. 이 전 부총리는 "정규직·비정규직 문제
가 나온 지 13년이 됐는데, 그사이 매년 2.5%의 노동자가 정규직 시
장을 떠난다는 것에 주목한 적이 있느냐"고 물었다.

"노동시장에서 현상적인 '사실'(fact)은 기업들이 매년 회사를 떠나
는 2.5%의 노동자 자리를 비정규직으로 대체해서 채용해왔다는 것
입니다. 13년간 적어도 기존 정규직 자리의 30%가 비정규직으로 대
체됐습니다. 정부는 그런 현상을 인식하고, 신규 채용 일자리가 어떤
일자리여야 하는지에 대한 가이드라인을 제시해야 했습니다."

그 적절한 가이드라인으로 이 전 부총리는 '차별 없는 일자리' 즉,
'동일현장·동일노동에 대한 동일대우' 원칙을 제시했다. 이에 대한
정부 입장이 명확하고 강력했다면 사내하청, 파견, 비정규직 차별대
우 등의 문제는 애초에 생기지 않았으리라는 것이다.

"기존 노동자들을 놓고 정규직이 과보호됐다, 노조가 어떻다, 호

봉제를 성과연봉제로 전환한다 하면서 다투기만 하고, 비정규직은 그쪽대로 '2년 계약이냐 4년 계약이냐'만 놓고 다투니까 현상이 악화되기만 하는 것입니다. 동일노동－동일대우 원칙이 확고하다면 기업이 뭐하러 사내하청, 파견용역 직원을 쓰겠습니까?"

사내하청, 파견용역 등 고용형태가 만연해진 것은 경영 상황에 따라서 고용을 유연하게 관리하고자 하는 기업들의 요구가 워낙 거셌기 때문이다. 이 전 부총리는 "기업이 그토록 '유연성'을 요구한다면 차라리 신규고용에 한해서 10년 단위, 적게는 5년 단위 고용계약을 허용하는 편이 낫다"는 의견을 냈다. '정규직'이 근로기준법상 '기간의 정함이 없는 계약'으로 정년을 보장하는 개념인 것에 비해 다소 파격적인 제안이다. 그러나 이 전 부총리는 "기존 정규직은 어차피 매년 2.5%씩 사라지고 있다"고 다시 지적하면서 "그 대신 동일노동－동일대우 원칙이 철저히 지켜졌다면 지난 10여 년간 30%의 신규고용은 시장의 요구에 맞는 새로운 형태로 알아서 자리매김했을 것"이라고 강조했다.

"그런 식으로, 기존 노동자는 놔두고 신규채용에 대해서 주40시간을 철저히 지키도록 했으면 노동시간 감축도 상당히 진전됐을 겁니다. 연장근로 하면서 수당 받는 방식을 양보하지 않는 기존 노동자는 매년 줄어들 테니 말입니다. 신규 노동자들은 그렇게 줄어든 노동시간으로 '저녁이 있는 삶'을 살든지 다른 직업을 탐색하든지 하는 편이 지금 시대상에 더 맞을 것입니다."

이 전 부총리는 지금이라도 노동시장을 개혁하려면 공공 부문에서부터 시작해야 한다고도 말했다. "정규직에 대한 부담 때문에 정부와 공기업들조차 신규채용을 안 하고, 비정규직만 양산하는 한편, 기존 공무원은 '철밥통'이 돼버렸다"고 지적하면서 "공무원부터 10년 또는 5년 단위로 재계약하는 구조로 개편하면서 대신 동일노동 동일처우를 보장하면 청년고용이 확대되고 연금문제도 해결될 수 있다"고 제안했다. 동시에 이 개혁은 기업에 주는 가이드라인이 되기도 한다는 것이다.

닫힌 사회를 열린 사회로 만드는 것이 '시대정신'

듣다 보면 '정부 역할은 단순하다'는 말에 고개가 끄덕여지지만 다른 상황을 놓고 보면 정부의 '단순한' 역할이 무엇인지 헷갈리기도 한다. 이 전 부총리는 정부의 기본역할을 다시 돌아보자며 주머니에서 손바닥 절반만 한 소책자를 꺼냈다. '헌법'이었다.

"평소에 늘 헌법을 지니고 다닌다"면서 이 전 부총리는 "헌법을 보면 국가가 해야 할 기본적인 일은 딱 세 가지 안보安保"라고 했다.

"첫 번째는 국토안보, 두 번째는 사회안보, 세 번째가 경제안보입니다. 셋 다 돈이 드는 일이지요. 어디에 우선순위를 두고, 어느 정도까지 해줄 것인지 국가가 정해야 합니다. 우리나라 조세부담률 이 (국내총생산 대비) 17%면 그에 맞는 안보를 하면 됩니다. 스웨덴, 덴마크처럼 조세부담률 30~40%대인 나라처럼 할 수 없습니다. 안 되는 건 말하지 말아야 합니다. 꼭 지켜야 하는 선을 정해야 합니다."

이어서 이 전 부총리는 "경제안보에서 꼭 지켜야 하는 선은 바로 '생명'"이라면서 "적어도 어느 국민도 굶어 죽지 않게 해야 한다"고 했다. 어찌 보면 당연한 말인 것 같지만, 실제로 우리 사회에는 경제적 빈곤으로 죽음에 이르는 사람들이 존재한다. 세세한 복지를 논하기 전에 큰 범위의 원칙이라도 제대로 지키라는 일갈이다.

이어서 '경제민주화 조항'으로 불리는 헌법 119조에 대해 "1항에서 '개인과 기업의 경제상의 자유와 창의를 존중'하라는 것은 정부는 거시적으로 건강한 경제질서를 만들 뿐 (육성정책 등으로) 함부로 건들지 말라는 것"이라고 했다. 이어서 2항에 대해서는 "적절한 소득분배 정책을 쓰고, 독과점을 막고, 소위 '갑을관계'를 막으라는 내용"이라고 해설하면서 "여야·좌우를 떠나서 이 기본부터 지키겠다는 실천의지를 가져야 한다"고 강조했다.

"정부는 법에서 주어진 만큼만, 그만큼이라도 제대로 하겠다는 자세를 가지면 됩니다. 정부가 모든 것을 하려고 하면 안 됩니다. 어차피 가능하지도 않겠지만요. 헌법이 정한 대로 기본적으로 누구나 생명의 위협을 느끼지 않고 인간답게 살 수 있도록 하고, 그다음은

"정책을 만들 때는 대범하고 담대하고 '쿨'해져야지
미시적으로 완벽하게 풀려고 해서는 아무리 좋은 방향의
정책도 문제가 생깁니다."

누구나 자유롭게 활동할 수 있는 시장 환경을 만들고, 거기에 저해가 되는 불공정거래만 막으면 됩니다. 아주 명백하고 단순한 원칙인데 우리 사회에서는 현학적인 것들이 가로막고 있어서 보이지가 않지요."

구체적으로 정부가 할 일이 궁금하다면 이와 같은 정부의 기본역할과 지금 이 사회가 가장 강력하게 요구하는 바의 공약수를 찾으면 되고, 그것이 곧 '시대정신'을 찾는 것이라고 이 전 부총리는 강조했다. 그리고 "그에 맞는 가이드라인을 시장에 제시하는 것이 정부의 할 일"이라는 설명으로 이야기의 맥은 처음과 이어졌다.

여기서 다시 강조한 것은 "정책을 만들 때는 대범하고 담대하고 '쿨'해져야지 미시적으로 완벽하게 풀려고 해서는 아무리 좋은 방향의 정책도 문제가 생긴다"는 것이었다.

현재 대한민국의 시대정신이 무엇인지는 정부와 정치권이 찾아야 한다고 강조했지만, 이 전 부총리의 개인 의견을 묻자 "닫힌 사회를 열린 사회로 만드는 것"이라고 정리했다. 그런 의미에서 가장 시급하게 해결해야 할 시대적 과제는 일자리문제 해결이라고 했다. 앞서 설명한 대로 차별 없고 기회가 열린 노동환경을 만드는 것을 정책의 우선순위에 두어야 한다는 것이다.

젊은 세대가 기득권층
뚫고 나올 날 머지않았다

현상 진단에 있어서는 강한 어조로 문제점을 지적하면서도 이 전 부총리는 "그렇게 암담한 상황은 아니다" "희망이 보인다"고 여러 번 말했다. 그 이유는 첫 번째로 "굉장히 많이 깨어 있는, 교육 받은 젊은 세대가 있다는 것"이다. "우리 교육에 창의성이 있다, 없다 하지만 전 세계 어디에도 이만큼 동질화된, 깨어난 계층을 가진 사회가 없다"면서 "그것은 앞선 사회가 있다면 짧은 시간에 따라갈 능력이 있다는 뜻"이라고 했다.

두 번째 이유는, 역설적이게도 "더 버틸 수 없기 때문"이다. "이대로 두면 한국 사회가 세습 봉건사회로 회귀하면서 진입장벽이 높아지고 기회가 사라지면서, 앉아서 죽으나 서서 죽으나 마찬가지인 상태에 이를 것이므로, 곧 샘이 솟듯이 젊은 세대가 한계를 뚫고 나올 것입니다."

이 전 부총리는 "기성세대는 젊은이들이 와글와글 일할 수 있는 시장, 하나의 놀이터를 조성하는 데만 애를 써야지 '이렇게 놀아라, 저걸 갖고 놀아라.' 하고 나서지 말아야 한다"고 당부했다. 기성세대가 나서면 "놀이의 종류가 제한되고 역동성이 억눌릴 뿐"이라는 것이다.

"스스로 룰을 만들고 다양성을 발현하도록 두면 젊은이들의 무한

한 창의력이 정치·경제·사회·문화 등 모든 분야에서 활발하게 펼쳐질 것입니다. 들판의 야생화 같은 그 다양성과 생명력을 복원해주는 것이 기성세대가 지금까지 받은 혜택에 보답하는 길입니다."

우리 사회에 역동성이 떨어지는 것은 세습사회로의 회귀 현상 때문이기도 하지만 고령화 때문이기도 하지 않습니까?

출산율문제에 대해서도 역시 정확한 현실 인식이 먼저 이뤄져야 합니다. 경제는 물론 경제활동인구, 즉 플레이어의 총합(sum of player)에 좌우되고, 생산력도 마찬가지입니다. 그런데 플레이어가 줄어드는 것이 앞에서 말한 다양성 위축 때문인지, 출산율 때문인지 먼저 판단해 봐야 합니다. 계층이동이 어려워진 사회에 좌절한 개인들이 자포자기한 것이 지금 우리 경제의 생산력과 경쟁력에 더 큰 위협이라고 봅니다. 그리고 출산율문제도 이 때문에 심화됩니다. 젊은 사람들이 자신들이 살아남기 위해 애를 포기하는 것이지요. 사회의 역동성이 커지고 희망이 생기면 출산율은 일정 정도 자연히 높아질 겁니다. 출산율 높이는 정책을 쓰려거든 그야말로 아주 대범하고 단순해야 합니다. "아이를 낳기만 하면 16세까지 정부가 모든 비용을 댄다", 이런 식으로 말입니다. 누리과정이 어떻고, 지방정부와 중앙정부 예산이 어떻고 싸우면 젊은 사람들이 귀 기울일 것 같습니까? 이는 충분히 가능한 정책입니다. 미래의 소득원을 키우는 것인데, 절대로 손해 보는 장사가 아닙니다. 다만 그 회수기간이 20~30년 걸릴 뿐이죠. 계산해보면 들어가는 돈은 의외로 적습니다.

노인빈곤 문제도 심각하고, 이 문제가 세대 갈등을 유발하고 있기도 한데 그 측면은 어떻게 보십니까?

지금의 노인층은 6·25 이후에 일자리 자체가 없던 한국 사회의 한계를 뚫고서 월남 파병, 중동 노동자, 일본과의 수출입 사업 등 나가서 돈을 벌어왔던 세대입니다. 자기 운명을 개척해본 사람들인 것입니다. 그다음으로 노태우 정부 때 중국과 중앙아시아 쪽으로도 시장이 열렸었습니다. 문제는 그때의 역동성이 다음 세대로 이어지지 못한 것입니다. 수평적 공유가 아니라 수직적인, 전통사회에서의 세대 간 공유가 아직도 한국 사회에서 일반적입니다. 아버지의 부를 아들이 공유하는 것이지요. 상속이라기보다는 같이 거기 매달려 있는 형국입니다. 그러다 보니 아버지도 은퇴를 즐기는 것이 아니라, 점점 가진 것이 줄어든다는 불안을 느끼게 되고 더 진입 장벽을 치려고 합니다. 아들은 아버지의 것에 매달려 있느라 새로운 부를 창출하지 못합니다. 아들이 그나마 효도하는 방법은 식구 수를 늘리지 않는 것입니다. 이렇게 다시 출산율문제와 연결됩니다. 사회의 역동성이 떨어지는 것을 인구절벽으로 대응하는 것은 인류의 자연스러운 선택인 것입니다.

노동문제가 대표적인데, 우리 사회에는 갈등 상황이 이어지기만 할 뿐 해결되지는 않는 현상이 많습니다. 어떻게 풀어야 할까요?

중요한 문제일수록 이해당사자끼리 결정하게 하면 결정이 안 되는 법이에요. 이해당사자들은 있는 힘을 다 해서 싸우게 하되, 최종결정을 위한 룰이 있어야 합니다. 미국의 배심원 제도를 보면 됩니다. 법정에서 변호사·검사가 치열하게 싸우고, 배심원들의 의견에 변호사·검사·판사 모두 비토권을 행사할 수 있지만 룰에 따라 평결이 납니다. 이때의 최종 결정권자는 이해당사자가 아닙니다. 합리적인 판단을 할 수 있도록 사회 시스템이 세운 사람들입니다. 사회의 중요한 결정이라면 그런 시스템, 이해당사자들도 최종적으로는 수긍하고 따를 수 있도록 하는 시스템이 존재해야 합니다. 우리 노사정위원회가 저런 식으로 해서 갈등이 풀리겠는지 보세요. 노동자 대표는 대변해야 할 노동자 이익이 있고, 기업은 지켜야 할 경영자들의 이익이 있고, 정부는 정부대로 양보할 수 없는 입장이 있는데, 회의장에서 아무리 여러 번 모여봐야, 돌아가서 자기들이 하나라도 양보했다고 하면 바로 '죽일 놈'이 될 텐데 어떤 합의가 가능하겠습니까? 그러니까 모여서 각자 자기들 입장을 떠들기만 하고 돌아가는 거고, 그래서 사회에 아무 변화도 나타나지 않는 것입니다. 일단은 죽어라고 싸우게 하되 그 결론은 평의회나 이런 걸 통해서 내려지도록, 모든 이해당사자들이 먼저 사회적 합의를 해야 합니다. 정부는 이 과정에 기득권의 힘이 더 작용하거나, 불투명성이 생기지 않도록 관리만 하면 됩니다.

우리에게
남은 시간은
7~8년뿐

장덕진
서울대 사회발전연구소장

이중화, 민주주의 훼손,
고령화 문제의 악순환

"

연세대학교에서 사회학 석사를, 시카고대학교에서 사회학 박사학위를 취득했다. 서울대학교 부교수와 하버드대학교 방문교수를 거쳐 현재 서울대 사회학과 교수로 있으면서 사회발전연구소 소장을 맡고 있다. 우리가 어느 방향으로 가야 할 것인가를 다루는 사회모델 비교연구와 더불어 통일·에너지·환경 등 분야의 장기 정책과제를 연구하고 있다. 저서로 《복지정치의 두 얼굴》《압축성장의 고고학》《유로존 경제위기의 사회적 기원》《노무현 정부의 실험》(이상 공저) 등이 있다.

"앞으로 숙제할 시간은 7~8년밖에 남지 않았습니다.
그때쯤부터 사람들이 패닉에 빠지기 시작할 겁니다.
패닉 상태가 되면 어떤 정책 수단도 소용없게 됩니다."

"

장덕진 서울대 사회학과 교수는 대한민국이 처한 현실에 대해 강하고 빠른 어조로 이렇게 말했다. 저출산, 고령화, 이중화, 민주주의, 환경 등의 문제에 대해 이어진 설명들은 마치 종말론 영화의 장면들처럼 비관적이었다. 해학적인 표현은 있어도 낙관론은 거의 찾아볼 수 없었다.

난맥상을 풀 유일한 열쇠는 "정치를 바로잡는 것"에 있다고 했다. 얼핏 연관성이 작은 듯한데, 장 교수가 긴 시간을 들여 설명한 그 연결고리는 "장기적인 문제에 손을 댈 수 있는 정부가 필요하다"는 것이었다. 그것도 아주 시급하게 말이다.

장 교수는 "최근 4~5년 OECD 회원국의 사회모델 비교 연구를 진행하는 가운데 10여 개국 200여 명의 사회정책 전문가를 만났다"

면서 이야기를 시작했다. 한국 사회에 대한 문제의식이 이 과정에서 선명해졌다는 것이다.

물고 물리는 이중화 · 고령화 · 민주주의 문제

장 교수가 "우리에게 남은 시간은 7~8년"이라고 시간 한계를 명확하게 제시할 수 있었던 것은, '부양률'이라는 데이터가 있기 때문이다. 부양률은 일하는 사람 100명이 일 안 하는 사람 몇 명을 부양해야 하는지를 보여주는 수치다. 현재는 45 정도인데, 2050년이면 95에 이를 전망이다. 그중 노인 부양이 75를 차지한다. 즉, 돈 버는 사람의 소득 절반 가까이를 노인 부양에 써야 하는 것이다. 장 교수는 "부양률이 급격히 상승하기 시작하는 시점이 바로 7~8년 후"라고 했다.

"지금은 학자들만 그래프를 보며 '큰일 났다'고 하지만, 그때는 보통사람들도 느낄 겁니다. 길에 나서면 두 명 중 한 명이 노인일 테니까요. 그러면 젊은 사람들은 계산하기 시작합니다. '힘들게 일해서 절반을 노인에게 쓰느니 이민가버릴까?' 하고 말입니다."

물론 당장 사회가 무너지지는 않지만, 멀쩡한 은행도 한두 명씩 돈을 빼가다가 '뱅크런'에 접어들면 망하게 되듯 한국 사회도 큰 위기에 빠질 수 있다는 경고다. 그만큼 우리 사회의 저출산 고령화가 심각한데, 이 밖에도 한국 사회의 위중한 문제는 두 가지가 더 있다. 하나는 이중화(dualization), 다른 하나는 민주주의의 문제다. 이 세 가지는 서로 연결돼 있을 뿐만 아니라 서로가 서로의 발목을 잡아끄는 관계라고 했다.

"정규직·비정규직 문제처럼 사회의 내부자(insider)와 외부자(outsider)가 갈수록 구분되는 이중화는 외부자의 출산율을 낮추기 때문에 고령화를 심화시킵니다. 고령화로 세금 낼 사람이 줄어들어 세원이 고갈되면 이중화는 더욱 심해집니다. 이중화는 대의(representation)의 불평등을 낳기 때문에 민주주의를 훼손합니다. 현행 민주주의는 정치적 기득권 유지를 원하기 때문에 이중화를 개선할 생각이 없습니다. 고령화된 유권자들은 현행 민주주의의 개혁에 저항하는 경향이 강하고, 역으로 현행 민주주의는 자신들의 기득권 유지를 위해 고령화를 이용합니다."

이중화, 고령화, 민주주의 훼손은 각각 다 어려운 문제인데 이렇게 단단하게 결합해서 서로가 서로의 발목을 잡고 있다는 게 가장 심각한 문제라면서 장 교수는 "이 관계를 끊지 않으면 사회는 악화 일로로 치달을 수밖에 없다"고 말했다.

한 번 털고 옮겨 가는
'유랑 도적단'

이 밖에도 비관적 문제들은 더 있다. 통일과 환경이 그렇다. 장 교수는 "우리 사회가 워낙 물질주의 성향이 높다 보니 통일에 대해서도 '값싼 노동력'으로 인한 이익을 염두에 두고 얘기하는데 박근혜 정부의 '통일대박'론이 그 전형적인 표현"이라고 평했다.

"서울대 통일의학센터 연구에 따르면 북한 인구 2500만 명 중 1000만 명 정도가 요오드 결핍이라고 해요. 그 대표적 증상이 아이큐 100, 신장 140cm 정도에서 정체되는 것입니다. 요오드 결핍은 1년에 미역국을 두 번만 먹어도 예방할 수 있다고 합니다. 통일을 물질주의적 관점으로만 보는 것에 동의할 수 없지만, 설사 그 관점에 따른다 해도 '통일대박'이 되려면 장기적인 안목으로 북한의 인구를 우리가 관리해가야 합니다."

또 장 교수는 지금의 온실가스 배출 수준이 지속되면 2100년쯤 한반도 상당 부분이 바다 밑으로 가라앉는다고 상기시키면서 "국토가 있어야 이념이고 지역이고 있는 건데 아무도 관심이 없다"며 답답해했다. 서해 바다 바로 건너인 중국 동남해안에 200기 이상의 원전이 지어졌거나 건설 예정인데 그에 대한 관심도 없다면서 "후쿠시마 원전의 방사능은 반대쪽으로 갔지만 중국 원전은 터지면 한국으로 온다"고 지적했다.

"원전문제에서 안전을 확보하는 거의 유일한 해법은 '동북아 원전투명성기구' 같은 것을 만들어 서로 감시하는 것입니다. 이런 제안을 하려면 우리부터 세계 최고수준의 원전 투명성을 가져야죠. 실제는 어떻습니까? 우리 원전 투명성은 OECD 최하위권입니다."

이렇게 심각한데도 의식하지 못하는 것은 지금까지의 '5년짜리 정부'들이 하나같이 이런 장기적 문제들에 관심을 두지 않았기 때문이다. 특히 '이중화'문제에 대해서는 방치했다기보다는 '불개입' 입장을 선언한 것으로 봐야 한다고 장 교수는 지적했다.

"대통령 담화를 들어보면 '동북아 정세'와 '경제' 얘기밖에 없습니다. 지나간 모든 대통령이 대동소이했습니다. 그 행간에는 '세계 경쟁에서 살아남아야 하니까 이중화는 어쩔 수 없다'는 뜻이 들어 있는 셈입니다. 이렇게 '개입하지 않기로 하는' 것도 굉장히 중요한 정치적 의사결정입니다. 그 결과 현재 우리는 '헬조선'을 겪고 있는 것입니다."

장 교수는 5년 단임제하에서의 대통령과 정치인들을 '한 번 털고 옮겨가면 그만인 유랑 도적단'에 비유했다. 근처에 살면서 계속 훔치는 도적은 먹고살 것이라도 남기지만 '유랑 도적단'은 완전히 털어가기 때문에 더 나쁘다는 것이다. 그러면서 "이건 제 표현이 아니고 미국 경제학자 맨커 올슨(1932~1998)의 표현이라고 꼭 써달라"고 했다. 대통령을 '도적'이라 했다고 비난할 사람이 꼭 있을 것이기 때문이다.

장 교수는 5년 단임제하에서의 대통령과 정치인들을 '한
번 털고 옮겨가면 그만인 유랑 도적단'에 비유했다. 근처에
살면서 계속 훔치는 도적은 먹고살 것이라도 남기지만 '유랑
도적단'은 완전히 털어가기 때문에 더 나쁘다는 것이다.

이런 상황에서 국민들은 정치에 의해 대표되지 못한 채로 소비자, 관객이 될 수밖에 없다. 장 교수는 "앞에서 말한 숙제를 못 한 상태에서 우리보다 더 나가버린 사회가 일본인데, 일본 정치가 '극장 정치'를 잘 보여준다"고 했다. 흥행을 위한 '막장' 요소만 많아진다는 것이다. 거물급 정치인 지역구에 갓 대학을 졸업한 신인을 출마시키는 '자객 공천'이 대표적이다.

"막장 정치에 제왕적 대통령 밑에서 누가 장기적 문제를 말하고 나서겠습니까? 일관된 철학과 정책활동으로 자기 브랜드를 만들려 하면 바로 견제를 받을 텐데요. 존경받는 정치인이 나오려야 나올 수 없는 구조입니다"

'안전장치 없는 포니'를 타고 시속 140km로 달리는 중

인터뷰 내내 쏟아진 심각한 진단들로 패닉에 빠질 지경에 이르러서야 장 교수는 "그나마 유일하게 빠른 시일 내에 바뀔 가능성이 있는 것은…"이라고 말을 꺼냈다. 이어진 말도 역시 '정치'다.

"출산율을 몇 년 안에 획기적으로 높이기는 어렵죠. 이제 낳는다 해도 경제활동 할 때까지 20년 기다려야 하고요. 이중화는 근본적 원인이 세계화와 탈산업화에 있기 때문에 그 추세를 하루아침에 바꾸기 어렵습니다. 물론 정치를 바꾸는 것도 어렵지만, 정치란 절대 안 바뀔 것 같다가도 몇 가지 조건의 조합이 이뤄지면 하루아침에도 바뀌지 않습니까? 정치가 개입하면 나머지 문제들을 위한 노력을 이제라도 시작할 수 있게 되고요."

한국 정치체제의 개선 방향에 대해 장 교수는 "합의제 민주주의 요소를 강화해야 한다"는 점을 강조했다. 합의제 민주주의는 쉽게 말하면 독일, 스웨덴이 취하는 정책결정 방식이다. 정당 간의 합의 뿐 아니라 노동단체와 사용자단체, 시민단체, 싱크탱크, 이익단체 등 다양한 이해당사자들 간의 합의를 바탕으로 하는 것이다.

장 교수는 "우리는 미국식 민주주의에 익숙해져 있고, '국가의 발전'이라고 하면 미국과 가까워지는 것이라고 여기기 때문에 합의제 민주주의 얘기를 하면 굉장히 어색해한다"면서 "그러나 우리 경제상황을 보면 미국과는 갈 길이 다르다"고 했다.

장 교수는 서울대 교수 4인과 함께 펴낸 책《복지정치의 두 얼굴》에 나오는 그래프 하나를 보여주면서 한국의 특징을 설명했다. 내수보다 수출 비중이 높고(무역의존도 높음) 불평등 정도 역시 큰(지니계수 높음) 상황을 장 교수는 "팀 내 화합이 안 돼 싸움이 잦은 축구팀이 모든 경기를 국가대항 A매치로 치러야 한다는 것"이라고 비유했다. 또는 "안전장치 없는 '포니'를 타고 시속 140㎞로 달리는 중"이라 할 수 있다고 덧붙였다.

즉, 우리는 내수시장 위주인 미국보다는 수출 비중이 높다는 점

에서 독일, 스웨덴 등과 비슷한 처지인데, 이들 나라는 '충분한 안전
장치'를 가지고 있다. 그 장치란 '합의제 민주주의'다. 실제로 이중화
의 폐해는 어느 나라에서나 나타나지만 합의제 민주주의를 통해 이
를 잘 제어하고 있는 곳이 독일, 스웨덴 같은 나라라고 장 교수는 전
했다.

노조 대표성을 높여야
'사회적 합의'가 가능하다

　　이중화의 폐해가 가장 크게 나타나는 노동문제를 예로 들
면, 독일과 스웨덴 등은 노사협상이 사업장 단위가 아니라 중앙집권
적 대표단체 단위로 이뤄지고, 그 합의가 산업 전반에 적용된다. 말
하자면 '경총'과 '노총'이 맺은 합의를 전체가 따르는 것이다.

　　우리는 산업별 노동조합이 발전하지 못했고, 노조조직률도 10%
정도로 낮기 때문에 한국노총, 민주노총이라 해도 '노동자 전체를
대표한다'고 인정받지 못하는 실정이다. 실제로 2015년 노사정 합
의 때도 "조직률 10% 노총이 무슨 노동자 대표냐"는 비판이 있었다.
노총들의 조직 및 운동 방식의 한계가 지적돼온 것도 사실이다.

　　"1997년 첫 번째 노사정 테이블 이후 노동계는 '섣불리 합의하려
하면 사기만 당한다'는 인식을 가지게 됐습니다. 일부 정치인과 언

론은 노총에 대해 '조직률이 8~10%인 노동단체가 무슨 대표성이 있느냐'고 조롱합니다. 이런 상황에서 어떻게 노사정 합의가 이뤄지겠습니까? 저는 차라리 이번 정부는 노사정 합의를 시도하지 않기를 바랐습니다. 깨질 게 뻔하니까요. 정말 '합의'가 이뤄지기를 바란다면 '10년 걸려도 좋으니 그동안 합의하자'고 나가든지, 아니면 차라리 건드리지 말아야 합니다. 진정으로 합의를 원한다면 대표성이 낮다고 조롱할 게 아니라 대표성을 높일 방법을 찾아야 합니다."

노조 대표성을 높여야 하는 이유를 설명하며 장 교수는 다소 파격적인 비유를 했다.

"김정은이 아무리 나쁜 지도자여도 북한 전체를 장악하고 있는 편이 낫지 않습니까? 지난해 휴전선 지뢰 사건으로 빚어진 일촉즉발의 상황을 남북고위급 회담으로 넘긴 일이 있었는데, 만일 겨우 협상을 해놨더니 다른 세력이 다시 미사일 쏜다고 나오면 어떻겠습니까? 그보다는 대표성 있는 파트너가 존재하는 편이 나은 것이죠."

노조조직률이 갑자기 높아질 수는 없을 테지만 장 교수는 노조의 대표성을 높이는 방법은 "오늘 한 얘기 중 제일 손쉽다"고 했다. 노사 대표단체 간의 합의(단체협약)가 노조원이 아닌 노동자에게도 적용될 수 있도록 법을 만들면 되는 일이기 때문이다. "프랑스의 노조 조직률이 우리나라와 비슷한 10% 수준이지만 협약 적용률은 90%가 넘는 것도 그런 이유"라고 했다. 프랑스 국민들은 국회의원 선거하듯이 투표해서 자신을 대표할 노총을 선택할 수 있다.

'사회적 대타협 틀'이
정부의 최우선 과제

장 교수는 "정 노조가 싫다면 다른 방법도 있다"면서 "스웨덴은 노조가 그 역할을 하지만 독일은 정당이 하고, 네덜란드는 종교와 정치가 결합된 '사회의 기둥'(social pillar)들이 그런 역할을 한다"고 했다. 형태가 어떻든 사람들이 각자도생하지 않아도 되도록, 자기를 대표하는 단체를 통해 사회적 합의에 참여할 수 있도록 단위별로 묶어주는 조직들이 있어야 한다는 것이다.

"이렇게 해서 사회적 합의, 사회적 대타협이 가능한 틀을 만드는 것이 한국 사회에서 가장 시급한 일입니다. 그게 우리에게 남은 7~8년 안에, 이번 또는 다음 정부가 반드시 해야 할 일입니다. 그래야 장기적인 문제에 손을 댈 수 있습니다."

구체적으로 그 '틀'은 다양한 형태가 될 수 있지만, "여기서 합의한 내용은 반드시 지켜야 하며, 합의 후에 따르지 않는 주체는 공공의 영역에 다시는 설 수 없다"는 정도의 사회적 약속이 있어야 한다고 장 교수는 강조했다. "그런 틀을 만들 수만 있다면 그 정부 또는 정치세력은 훗날 큰 평가를 받을 것"이라고 덧붙이기도 했다.

여기서 의문이 생긴다. 그런 틀이 생긴다고 해서 구성원들이 꼭 '바람직한 방향', 즉 지속가능한 방향으로 의사결정을 할 것인가 하는 문제다. 장기적으로는 이중화 또는 고령화를 심화시켜도 당장 이익이 되는 방향으로 결정할 수도 있지 않을까? 장 교수는 "뭘 해야 좋을지를 알고 있는 국민이 어디 있겠느냐"면서 "한 번에 모든 결정을 하는 것이 아니라 이만큼 바꿔서 경험해보고, 그만큼 신뢰를 쌓은 다음에 또 바꿔보는 과정에서 방향을 찾아가는 것"이라고 했다.

"우리 사회에서는 노인 세대가 대체로 보수적이지만 독일의 경우는 오히려 노인들의 관용성이 높습니다. 노인이 되기 전에 성숙한 복지국가, 공고화된 민주화를 경험했기 때문입니다. 그런 경험이 없는 상태에서 노인이 되면 변화를 거부할 가능성이 높죠. 그래서 하루라도 빨리 사회적 합의를 시작해야 하는 것입니다."

증세 합의해서 '노동'과 '가족'에 투자해야

합의제 민주주의를 위해서는 그 밖에도 할 일이 많다. 대부분은 정치개혁을 바라는 사람들의 중의와 통한다. 국회 권한이 강화돼야 하고, '승자독식' 구조의 선거체제도 바꾸어야 한다. 또 각 이해단체들과 오랜 신뢰를 쌓도록 국회의원들의 전문성도 높아져야 한다.

"지금 한국 국회의원은 4년 임기 중에 소속 상임위원회를 한 번 이상 바꿉니다. 한 상임위에 오래 있어봐야 24개월, 보통은 10개월 정도입니다. 특히 권한이 커서 '꽃 중의 꽃'이라고 불리는 예산결산

"복지 지출은 규모보다 어디에 쓰는지가 중요합니다.
일본처럼 연금과 의료복지에 쓴다면 그냥 사라지는 돈일
뿐입니다. 노동과 가족에 쓰면 출산율이 올라가기 때문에
20년만 기다리면 다시 세수가 늘어납니다."

특별위는 매년 80%의 의원이 교체됩니다. 이래서야 전문성이 생길수가 없지요. 국회의원이 노동계 대표를 매번 처음 만나는데 무슨 합의를 시도할 수 있겠습니까. 독일 연방하원의 노동위원회는 의원들의 평균 재임 기간이 190개월입니다. 이 정도는 돼야 상호 신뢰도 쌓이고 사회적 타협도 할 수 있지 않겠습니까?"

이런 맥락에서 장 교수는 "사회적 반발이 심하긴 하지만 국회의원 수도 늘려야 한다"고 했다. 의원 한 사람이 대표하는 유권자 수가 너무 많은 것이 사실이기 때문이다. "'국회의원 300명도 꼴 보기 싫은데 더 늘리기는커녕 줄여야 한다'는 정서를 이해 못 하는 것은 아니지만 그래서는 악순환만 반복되는 것"이라고 강조했다.

이런 변화를 통해서 '틀'이 갖춰진다면 가장 먼저 해야 할 일이 무엇인지 물었다. "일단 증세는 꼭 필요하다"면서 "사회적 합의에 이르기 위해서는 '투명성'이 먼저 확보돼야 할 것"이라고 했다. 그리고 그 세금은 '노동'과 '가족'에 과감하게 투자돼야 한다고 강조했다.

"복지 지출은 규모보다 어디에 쓰는지가 중요합니다. 일본처럼 연금과 의료복지에 쓴다면 그냥 사라지는 돈일 뿐입니다. 노동과 가족에 쓰면 출산율이 올라가기 때문에 20년만 기다리면 다시 세수가 늘어납니다."

지금 정부는 기업에 '노동 유연성'을 주는 데 힘을 쏟고 있지만 장 교수는 "기업의 부담이 줄어드는 만큼 세금 부담이 늘어난다는 것을 인식해야 한다"면서 "어떤 식으로든 노동자가 시장 안에 머물도록 하면 많든 적든 세금을 내지만 일단 밖으로 나오면 세금으로 먹여 살려야 하기 때문"이라고 했다.

"복지를 정치적으로 판단하면 안 됩니다. 출산에 투자하는 돈을 아까워하면 안 되죠. '아이가 태어나면 무조건 국가가 책임진다'는 큰 틀로 접근해야 출산율을 올릴 수 있습니다."

만일 그렇게 된다면 의외로 빨리 출산율 수치가 뛰어오를 가능성도 있다고 강조했다. 최근 연구에 따르면 출산율의 0.3 정도가 '인공 유산'으로 사라지고 있기 때문이다. 인구 유지가 가능한 합계 출산율이 2.1이고 현재 우리나라 출산율이 1.2에 불과한 점을 감안하면 의미가 큰 수치다.

"만일 우리가 '이런 경우에만 아이 낳아 키워도 된다'는 식의 낡은 규범만 벗어난다면, 결혼하지 않고 아이를 낳았을 때 어떻게 키우고 학교는 어떻게 보낼지 고민할 필요 없도록 국가가 책임져준다면, 출산율이 당장 1.2에서 1.5로 뛰어오를 수 있는 것입니다. 이만한 투자가 어디 있겠습니까?"

'대표되지 않은 사람들'의 무기

이런 변화들이 가능할까? 당면한 선거부터 시험대가 될

것이다. 장 교수는 '트위터' 등 SNS를 통한 사회적 네트워크에 대해서도 연구해왔다. 그는 "SNS 등을 통해 온라인으로 의사가 표출되고 온라인으로 의사결정을 할 수 있는 방법이 개발되더라도 이런 기능이 가까운 시일 내에 대의민주주의나 정당의 기능을 대체할 거라고는 생각하지 않는다"고 했지만 "SNS가 상당한 정치적 잠재력을 가지고 있는 건 사실"이라고도 했다.

"SNS 중에서 트위터처럼 완전히 개방적인 네트워크는 정치적으로 긍정적 역할을 할 가능성이 높고, 폐쇄성 높은 네트워크는 부정적 역할을 할 가능성이 높습니다. SNS 중에서 괴담, 루머, 사생활 등의 유포가 일어나는 것은 카톡방 등 폐쇄형 네트워크들이지요. 개방형 네트워크에 한정해서 말한다면, 2010~2011년에 정치적으로 긍정적인 효과가 폭발한 적 있었지요. 그 이유는 어느 집단이나 정당에도 속하지 않아서 '대표'되지 않았던 사람들이 이 네트워크를 통해 연결됐기 때문입니다. 이 영향으로, 과거에는 나름대로 합리적인 판단을 통해서 '투표하지 않는 결정'을 했던 사람들이 투표장으로 돌아오는 현상이 나타났습니다. '인증샷' 놀이 등으로 투표했을 때 지인들로부터 받는 칭찬, 안 했을 때 받는 비난이 각각 편익과 비용으로 발생하게 된 것이죠. 이는 '먹고살기도 바쁜데 뭐 하러 정치에 관심을 가져?' 하던 사람들이 '어? 나랑 비슷한 사람들이 정치에 관심을 가지고 있네?' 하게 된 겁니다. 그래서 트위터를 '대표되지 않은 사람들의 무기'라고 표현하는 것이죠."

정치권이 개방형 네트워크에서 표출되는 의견들에 관심을 가질 때 상당한 변화가 나타날 수 있다면서 장 교수는 "사람들이 정치를 떠났던 이유를 찾아 그 해법을 '사회적 어젠다'로 제시해야 하며, 투표율을 높이는 쪽으로 연결되도록 해야 한다"고 강조했다.

트위터 같은 개방형 네트워크의 영향력이 하락세라는 분석도 있지만 장 교수는 "특정 서비스는 3년을 못 가는 게 정상"이라면서도 "선거처럼 중요한 사건을 두고 사람들이 SNS를 통해서 서로 연결되고 공감대와 연대를 이뤄가는 현상은 이제 사라지지 않을 것"이라고 했다. 이날 들은 얘기 중 가장 낙관적인 전망이었다.

두 시간여 이어진 인터뷰를 돌아보면 비관적 이야기가 압도적으로 많았다. 그럼에도 절망적이지는 않았다. 냉정한 분석이 있었고, 어쨌든 그에 맞는 해법이 있었기 때문이다. 그 길로 갈 수 있을지 없을지, 가더라도 얼마나 오래 걸릴지 모르지만 길이 남아 있다는 자체에 아직은 안도감이 드는 게 사실이다. 그게 바로 '희망'일 것이다.

우리 사회에 나타나는 이중화의 양상을 좀 더 자세히 설명해 주시겠습니까?

노동시장의 이중화 현상이 가장 분명합니다. 근본적인 추동력은 세계화와 탈산업화라고 할 수 있습니다. 지난 10년간 변화만 보더라도 중간소득 일자리 자체가 줄어들고 있습니다. 반면 고소득과 저임금 일자리는 늘었습니다. 일자리의 분포 자체가 이렇게 변화하고 있기 때문에 노동시장 양극화를 이대로 두면 더 심해지는 것은 당연합니다. '중산층 귀속감'도 빠르게 줄어들고 있습니다. '스스로 중산층이라고 생각하십니까?'라고 물었을 때 그렇다고 답하는 비율이 1980년대에는 60~80%였는데 최근에는 20% 정도로 떨어진 것입니다. 그러다 보니 사람들의 불안감이 큽니다. 중하위층만 불안한 것이 아니라 상류층도 불안합니다. 일례로, 한 금융회사에서 조사한 결과를 보면, 금융자산만 10억 이상인 사람들에게 '스스로를 부자라고 생각하십니까?'라고 물어봤을 때, 70~80%가 아니라고 답했습니다. 50억 이상 금융자산을 가진 사람들에게 물어도 절반은 '부자가 아니다'라고 합니다. '그럼 얼마를 가져야 부자라고 생각하십니까?'라고 물었더니 그 중위값이 100억 원이었습니다. 부자조차도 '100억 원은 있어야 안심할 수 있다'고 할 정도로 불안이 심한 사회인 것이죠.

각자 자기 살길을 찾아야 하는 사회이기 때문에 더 불안하고, 개인들이 이렇게 각자도생에 골몰하고 있으니 개인이 풀 수 없는 문제, 사회에서 공동으로 풀어야 하는 문제들은 더 풀리지 않습니다. 중간소득 일자리가 줄어드는데 개인들은 '스펙 쌓기'에만 골몰하고, 아무리 스펙을 쌓아봐야 일자리에 진입하지 못하는 현상이 단적인 예입니다.

노동의 이중화, 특히 정규직·비정규직 문제가 심각하지만 해결책이 잘 보이지 않습니다. 계속 심해지기만 하니 불가역적인 현상처럼 보일 정도입니다.

기업 입장에서는 노동비용을 줄이려고 하는 것이 당연하고, 사실 줄이려고만 하면 줄일 만한 영역들이 꽤 있습니다. 그런데 그 '비용'이라는 것을 다시 정의해볼 필요가 있습니다. 예를 들어서, 비정규직을 2년에 한 번 계약하지요. 과연 이것이 '비용'을 줄이는 방식일까요? 얼마 전 저희 연구소에서 어떤 필요 때문에 계약직을 뽑아야 해서 공고를 냈는데 몇 명이 지원했는지 아세요? 150명 이상이 지원했습니다. 월급 150만 원 계약직 자리인데, 지원서를 보니 소위 말하는 명문대 학력은 다 있었습니다. 그렇다고 이 150명이 다 이 자리에서 꼭 일하고 싶은 사람들도 아닙니다. 최소 100명은 취업이 너무 안 되니까 아무 데라도 다 지원서를 넣는 사람들입니다. '아무 거나 걸려라.' 하는 것이죠. 그러다 보니 지원자도 힘들지만 뽑는 사람도 힘듭니다. 운 좋게 좋은 사람을 뽑기도 하지만, 대체로는 어차피 월급도 적고 길어야 2년 다닐 자리라고 생각하기 때문에 근로계약서에 서명하는 순간 다른 일자리를 알아봅니다. 이게 정말 비용을 줄인 게 맞습니까? 이 사람에게 고용안정성이 있다면, 승진 가능성이 있다면, 하다못해 재계약 가능성이 있다면 이렇게 행동할까요? 그럴 바에는 월급다운 월급을 주고 정규직으로 채용해서 제대로 일하게 하는 것이 더 비용을 줄이는 게 아닌가 합니다. 기업들이 정말 경쟁력을 생각한다면 지금의 방향을 재고해야 한다고 봅니다.

노동문제를 말할 때는 주로 청년층을 고려하게 되는데, 노인 세대의 불안도 심각하지 않습니까? 빠른 고령화 때문에 준비가 덜 된 고령자에게는 재앙과 같은 상황도 올 수 있다고 하는데요. 이런 불안이 있는 가운데서는 청년수당 같은 정책도 제동이 걸릴 수밖에 없습니다. 어떻게 풀어야 할까요?

세대 간 격차를 놓고 한국 청년층을 다른 나라 청년층하고 비교해 보면 한국 청년층이 굉장히 불리하고 억울한 입장인 건 사실입니다. 성장 시대의 과실이 이들에게까지 내려오지 않았으니까요. 그럼 지금 노인들이 가진 부를 청년 쪽으로 옮겨야 할까요? 그러기에는 노인 빈곤율도 높습니다. 어떻게 해야 할까요? 답은 증세밖에 없습니다. 증세 없는 복지는 거짓말이지요. 이 정부 첫해에 증세를 시도했다가 실패하지 않았습니까? 그때 시도됐던 소득구간 조정 방안에 따라서 제가 계산해봤더니 대략 1년에 1만 8000원 정도 더 내겠더군요. 그 정도는 낼 수 있지요. 1만 8000원 아니라 18만 원도 낼 수 있습니다. 저는 그런 생각인데, 결국 증세는 안 됐습니다. 액수의 문제라기보다는 투명성에 대한 믿음이 없는 것이 문제였습니다. '세금 안 내는 놈들이 많은데 유리지갑인 나한테서 1만 8000원을 왜 가져가느냐'라는 불만이 거세기 때문인 것이죠.

그럼 투명성을 어떻게 높여야 할까요? 이것은 정권의 투명성과도 관련이 깊고, 자영업자들의 세금 신고가 불투명하다는 불신과도 연결됩니다. 어쨌든 증세를 해야만 사회의 심각한 문제들을 풀어갈 수 있는데, 정치권에서는 굳이 인기 떨어질 일을 반대와 혼란을 무릅쓰고 하려 하지 않습니다. 문제는 지금 안 하면 다음에는 훨씬 더 큰 혼란 속에서, 더 큰 비용을 초래하면서 증세를 해야 한다는 것이죠.

한편으로, 요즘 불평등문제에 대한 인식이 커지면서 기본소득에 대한 논의가 있는데, 제가 그 주장들을 다 이해하고 있지는 않지만,

재정적으로 지속가능한지에 대해서는 대단히 신중하게 검토할 필요가 있습니다. 재정은 정말 중요한 문제입니다. 더군다나 한국처럼 세원이 빠르게 줄어들 나라, 성장의 모멘텀이 거의 사라져가는 나라에서 어떤 종류건 기본소득과 비슷한 형태의 정책이 장기적으로 지속가능할 수 있을지는 생각해봐야 할 문제입니다.

'사회적 기둥'을 말씀하셨는데, 한국 사회는 시민사회의 기반이 약합니다. 시민사회의 힘을 키우고, 중간조직들을 세우기 위한 방법이 있을까요?

한국에서는 시민들이 자발적으로 조직(association)들에 참여하는 비율이 세계 최저수준이지요. 그나마 비율이 제로가 아닌 것은 연고형 조직들 때문입니다. 종친회, 동창회 등 공적 기능이 거의 없는 조직들이지요. 정당에 가입하는 것은 자유지만 주변에서 이상한 사람 취급을 당합니다. 이런 상황에서 시민사회단체, 중간조직들이 새롭게 만들어져서 어떤 역할을 감당할 가능성은 높지 않습니다. 그러기보다는 기존의 조직, 집단들을 어떻게 바꿔서 더 제대로 작동하게 할까를 생각하는 편이 쉽겠지요.

대표적인 것이 노동조합입니다. 노조라고 해서 반드시 사측에 대항해서 노동자 권익을 보호하는 활동만 해야 하는 것은 아닙니다. 물론, 그것도 제대로 해야 하지만 그런 동시에 사람들이 노조에 가입하고 싶도록 만들어야 합니다. 그러려면 조합원들에게 어떤 이익을 줄 수 있을지 강구해야 합니다. 유럽 노조들은, 물론 100여 년간 쌓아온 역량이 있어서 가능한 것이지만, 노동조합을 유지하고 확대하기 위해 상당히 다양한 활동을 합니다. 예를 들어서 생명보험과 같은 사회보장을 노조원들에게 제공하기도 하고, 자녀 교육 기회를 주기도 합니다. 일단 사람들이 가입하고 싶어 해야 조직이 확대되고, '사회의 기둥'으로서의 대표성도 생기기 않겠습니까?

그렇게 기존의 조직들이 나아진다고 해도 다양한 시민단체 활동, 새로운 조직들이 필요한 것 역시 사실입니다. 저는 그래도 긍정적인 시점이라고 봅니다. 대한민국에는 보수나 진보나 특권의식을 가진 세대가 있었습니다. 보수는 산업화세력, 진보는 민주화세력이라고 할 수 있는데요. 그래서 한때는 정당이나 시민단체 활동을 하는 사람들에게도 '우리가 민주화를 이뤘다'는 일종의 특권의식이 있었습니다. 그런데 이제 시대적으로 보수와 진보의 특권의식이 동시에 유통기한 종료를 맞았다고 할 수 있습니다. 앞으로 정당, 시민사회단체 등에 대한 접근성이 평범한 사람들에게 더 높아질 것입니다. 이럴 때 다양한 조직들이 생겨날 수 있을 것입니다.

트위터와 같은 개방형 네트워크가 정치적으로 가지는 긍정적 영향력을 말씀하셨는데 최근의 선거, 즉 2012년 대선부터는 그런 현상이 잘 보이지 않습니다. 그 이유가 무엇일까요?

앞에서 말한 것처럼, SNS는 정치적으로 대표되지 않았던 사람들이 투표장으로, 정치의 현장으로 나오도록 하는 도구여야 합니다. 그런 긍정적인 효과가 2010~2011년 사이의 선거에서 나타났던 것이죠. 그렇지만 의도적인 현상은 아니었습니다. 그때 우연히 SNS가 만들어지니까 야권 정치인들이 '마당 쓸다 돈 주운' 셈이었지요. 그런데 이 맛을 본 정치인들이 자신들이 뭔가 잘한 결과라거나, SNS는 원래 야권 편인 것으로 착각한 것이 문제였습니다. 질문하신 것처럼 2012년 대선에서는 SNS 효과가 거의 나타나지 않았지요. 여야 양쪽이 모두 문제였습니다. 당시 대선은 말하자면 '네트워크와 조직'의 싸움이었는데, 새누리당에서는 네트워크를 자기편으로 가져올 수 없다고 보고 망치는 쪽을 택했습니다. 이후 밝혀진 것처럼 '댓글부대'를 활용하는 등 온갖 노력을 했고 효과를 거뒀습니다.

네트워크를 망친 것은 그쪽만이 아닙니다. 야당도 망쳤습니다. 무슨 말이냐 하면, 어떤 방식이 자신들에게 도움이 되는지를 몰랐기 때문에 잘못 이용한 것입니다. '닥치고 RT'라는 말을 기억하십니까? 중요한 선거가 다가오니까 과도한 열성지지자들이 SNS에 모여들어서 '닥치고 RT'를 반복하면서 타임라인을 똑같은 내용으로 도배했습니다. 이런 방식은 기존 지지층의 자기 확신만 강화할 뿐 아무런 확장성이 없습니다. 기존 정치에 실망하고 떠났던 생활인, 합리적 사고방식을 가진 사람들을 도로 내쫓는 행위가 된 것입니다. 선거는 한 표라도 더 얻어야 이기는 것 아닙니까? 확신에 차서 힘껏 눌러 찍어도 한 표고, 이럴까 저럴까 하다가 그냥 찍어도 한 표입니다. 그래서 확장성이 중요하다는 것입니다. 그렇기 때문에 2012년 선거에서 나타난 SNS 양식이 문제였던 것이고, 그 이후로 활력이 떨어진 원인이라고도 할 수 있습니다.

다음 세대는
'유령인간'

장하성
고려대 경영대학 교수

경제성장 해봐야
재벌만 더 부자 된다

"

고려대학교 경영학과 졸업한 후 뉴욕주립대학교(알바니)에서 경제학 석사학위를, 펜실베이니아대학교 와튼스쿨에서 경영학 박사학위를 받았다. 휴스턴대학교 경영대학 재무학과 교수를 지내고, 1990년부터 지금까지 고려대학교 경영대학 교수로 재직 중이다.

1996년 참여연대에서 경제민주화위원회를 만들어 '경제민주화' 시민운동을 시작했으며, 2006년 일명 '장하성 펀드'를 주도해서, 국내에 가치 투자의 가능성을 열었다. 한국금융학회 회장, 한국재무학회 회장, 참여연대 경제민주화위원장, 경제개혁연대 운영위원장 등을 역임했다. 《왜 분노해야 하는가》《한국 자본주의》 등의 저서가 있다.

"이대로 가면 다음 세대는
'유령인간'이 된다."

”

임금이 좀처럼 안 오르는 것도, 비정규직이 많아진 것도, 중소기업
이 어려운 것도, 굴욕적 갑을관계가 많아진 것도, 창업으로 성공하
기 어려운 것도, 나라 경제에 성장동력이 안 보이는 것도 다 "재벌
대기업 때문", 아니 "재벌 총수 가족들 때문"이라고 한다면?

철없는 젊은이나 불만세력의 비약으로 들릴 것이다. 그렇지만 하
나하나 통계로 근거를 대면서 이렇게 주장하는 전문가가 있다. 장
하성 고려대학교 경영대학 교수다. 그는 책《한국 자본주의》(2014),
《왜 분노해야 하는가》(2015)를 연달아 펴내면서 한국 사회의 가장
심각한 문제는 '불평등'이며 그 원인이 '분배의 실패'라고 계속해서
지적해왔다. 그런 만큼 인터뷰의 방향은 어느 정도 예견됐다. 하지
만 두 시간 넘게 이어진 인터뷰는 예상과는 조금 달랐다. 제기된 문

제의 원인이 선명하게 하나로 수렴됐기 때문이다. 바로 재벌 대기업에 의한 경제적 집중, 총수 일가의 기형적 지배구조를 견제하지 못한 것이다. 이것이 한국의 불평등과 갈등을 불러온 핵심원인이라는 것이다.

원인이 명확하기에 해법도 명확했다. 그런데도 그동안 개선 노력이 변변치 않았던 것은 "기득권이 불평등의 문제를 '이념의 문제'로 보고 개입하지 않기 때문"이라고 장 교수는 강조했다. 이 '기득권'에는 보수와 진보가 모두 포함된다.

재산보다는 임금격차가 '흙수저'의 원인이다

"국가가 발전해도 내 삶은 나아지지 않는다는 것을 젊은 세대들은 피부로 느끼고 있습니다. 2012년 대선에서 '경제민주화'가 떠올랐을 때, 학자들도 개념을 설명 못 하는 경우가 있었지만, 국민들은 어렴풋이나마 알았습니다. '삼성·현대만 부자 될 게 아니라 나도 함께 잘살자'는 뜻이라는 것을 말입니다. 그리고 그 기대가 무너지니까 정부를 불신하게 된 것입니다. 그런데도 기득권들은 아직도 좌냐 우냐, 진보냐 보수냐 하는 이념을 기준으로 사회를 읽으려고 합니다. 그 때문에 원인을 찾지 못하는 것이죠."

장 교수는 불평등 중에서도 핵심이 '임금 불평등'이라고 강조한다. 요즘 유행하는 '금수저·흙수저'론은 부모의 자산에 따라 삶이 달라진다는 것이지만, 장 교수는 "한국의 소득 불평등은 재산격차가 아니라 임금격차 때문"이라고 했다. 재산이 많더라도 이자나 임대료, 배당 등으로 버는 돈은 가계소득의 1%도 안 되고, 나머지는 임금소득에서 온다는 것이다. 심지어 상위 10% 고소득층도 재산소득 비중은 1%가 안 된다.(통계청, 가계동향조사 2015) 물론 상위 1% 또는 0.1% 초고소득층의 경우는 재산수익도 많지만, 국민 대다수를 놓고 봤을 때 임금이 소득의 대부분이라는 사실은 달라지지 않는다. 즉, 임금 불평등만 아니어도 '흙수저'라고 절망할 정도의 불평등은 생겨나지 않았을 것이다.

"2000년 이후 15년 동안 우리 경제는 78%(누적)나 성장했는데, 실질임금은 그 절반 정도인 42%밖에 늘지 않았습니다. 세계금융위기가 닥친 2007년 이후에도 우리 경제는 28%(누적) 성장했는데 실질임금은 고작 8% 늘었어요. 본래 경제성장을 바라는 건 국민의 삶이 나아지리라는 기대 때문 아닙니까? 그 목적이 상실돼버린 상황입니다."

여기서부터 이야기는 중간에 끊기 어려울 만큼 꼬리에 꼬리를 물고 이어진다. 임금 불평등의 원인은 기업이 번 이익 중에서 '임금'을 통해 노동자들에게 돌아가는 몫이 적기 때문인데, 그 첫째 이유는 재벌 대기업, 즉 매출 순위로 상위 100위에 드는 재벌 대기업들과 중소기업들 간의 격차에 있다.

"사람들이 잊고 있는데, 대기업과 중소기업 임금 차이가 늘 심했던 것은 아닙니다. 1980년대에는 중소기업 임금이 대기업의 90% 수준이었고, 특히 1981년에는 97%로 거의 똑같았습니다. 1990년대에도 75~80%대를 유지했어요. 지금은 업종에 따라 차이는 있지만 50~60%대입니다. 같은 일을 해도 중소기업에 다니면 대기업 직원의 절반 남짓밖에 못 버는 것입니다."

하청 직원은 같은 일 해도 '4분의 1' 임금

재벌 100대 기업은 전체 고용의 4%밖에 담당하지 않는데도 우리나라 기업들이 내는 전체 이익 총량에서 60%를 가져간다. 중소기업은 상용근로자 고용의 71%를 담당하지만 이익은 35%밖에 가져가지 못한다. 대기업의 절대적인 산업 장악력 때문에 하청관계 중소기업의 몫은 더 적다. 현대자동차를 보면, 1차 하청기업 평균임금은 현대자동차 임금의 60% 수준이다. 2차는 36%, 3차는 24%로 내려간다. 3차 하청기업 직원의 월급은 현대자동차 직원의 4분의 1도 안 되는 것이다.

"1990년대까지는 대기업에서 일하는 사람들의 비중도 높았습니다. 임금근로자의 40% 정도였어요. 나머지 60%가 중소기업에서 일했습니다.(5인 이상 기업 사용근로자 기준) 지금은 20%대 80%로 바뀌었습니다. 대기업 일자리 자체가 그 정도로 줄어든 것이 아닙니다. 안에서 하던 일을 다 밖으로 내보낸 것입니다. 그 결과 같은 일을 하는 사람들 안에서도 차별이 나타나게 됐습니다. 자동차 생산 공장 안에서 한 명은 연 1억 원 가까이 받으면서 왼쪽 바퀴를 끼우고, 한 명은 3000만 원도 못 받으면서 오른쪽 바퀴를 끼운다는 말이 결코 과장된 게 아닙니다. 대기업은 이 문제에 대해서 책임을 회피해버렸습니다."

이런 현상은 임금격차뿐 아니라 고용형태의 차별도 불러온다. 바로 '비정규직' 문제다. 정부 통계만 봐도 노동자 셋 중 한 명이 비정규직 노동자이고, 청년세대는 셋 중 두 명이 첫 직장을 비정규직으로 시작한다. 비정규직의 임금은 정규직의 절반 정도(2015년 기준 54.4%)에 불과하다. 국민연금·건강보험 등 사회보험 가입률이 30%대로, 정규직의 3분의 2 수준인 것도 문제다. 물론 가장 큰 문제는 삶 전체를 불안하게 만드는 '고용불안'이다.

장 교수는 "비정규직이라는 단어는 1990년대까지는 존재하지 않았고 지금도 OECD에서 우리가 쓰는 것과 같은 비정규직 개념을 사용하는 나라는 한국과 일본뿐이다"라고 지적하면서 "대기업이 직접 하던 부문을 외주화·외부화한 데다 원천·하청의 종속관계까지 작용하면서 불평등한 일자리가 만들어졌고 계속 확산되고 있는 것"이라고 진단했다.

이렇게 기업 간 불평등과 고용 불평등, 기업의 종속관계까지 복합된 데다 갈수록 중소기업의 고용 비율이 높아지다 보니까 열악한 임금과 노동조건하에서 불평등을 피부로 느끼는 국민들이 많아질 수밖에 없다.

삼성이 '바이오' 운운한 지 벌써 20년째

2016년 미국 대선에서도 버니 샌더스 민주당 경선 후보가 소득격차와 분배의 문제를 강력하게 제기했듯이 불평등은 전 세계적인 문제다. 장 교수는 "어느 나라나 불평등이 커졌지만 우리나라는 그 수준이 OECD 회원국 중에서 가장 심할 뿐 아니라 악화되는 속도가 가장 빠르다"고 했다. 특히 최근 들어 급격히 빨라졌다.

"앞서 설명한 대기업·중소기업 임금 차이 변화를 봐도 알 수 있듯이, 우리나라는 고도성장을 하던 1980~1990년대까지도 불평등이 악화되지 않았거나 심지어 완화된 거의 유일한 나라였습니다. 외환위기 이후로 급격히 심해져서, 지금은 상위 10%와 하위 10%의 임금격차 비율이 OECD 회원국 중 3~4번째로 높습니다."

이렇게 되는 동안 반발이 크지 않았던 것은, '기업이 잘돼야 나라가 잘된다' '경제가 살아야 나도 잘산다'는 인식 때문이다. 장 교수는 "그래서 국민이 이만큼 분배를 참아준 동안, 불평등이 심해진 그 17~18년 동안 재벌 대기업은 성장동력을 찾아냈느냐"고 물었다.

2015년 말 인천 송도 바이오 의약품 생산공장 기공식에서 이재용 삼성전자 부회장이 "바이오로 세계 1위에 도약하겠다"고 선언한 일을 놓고 장 교수는 "삼성이 '신수종사업' '미래 먹거리'라면서 바이오 운운한 것은 김영삼 대통령 때부터의 일"이라면서 "20년 동안 성장동력을 못 찾았는데도 계속 믿고 기다려야 하느냐"고 꼬집었다.

"산업적인 성장동력을 찾는 것과 분배가 서로 충돌하는 것으로 보는 것 자체가 넌센스입니다. 성장동력을 찾는 일과 분배의 문제는 서로 보완적인 것이죠. 소비를 해야 성장이 있지 않겠습니까? 결코 상충되는 것이 아닙니다. 그런데도 기득권층은 늘 그 두 가지가 배치되는 것으로 봐왔습니다. 그 관점이 틀렸다는 것은 지난 17~18년 동안 국민에게 분배되는 비중을 줄였는데도 기업이 성장동력을 찾아내지 못했다는 사실이 증명합니다."

장 교수는 2015년 11월 중국 경제부총리를 면담하는 등 중국 경제계획을 들여다볼 기회가 있었는데 깜짝 놀랐다고 했다. "13차 경제 5개년 계획(2016~2020)의 핵심이 '내수를 통한 성장'이고, 소득증대와 분배를 국가적 과제로 삼고 있더라"면서 "중국 핵심관료가 '국내시장 수요를 제대로 만들지 않고 수출만으로는 성장할 수 없다'고 말하는 걸 보면서 '한국은 지금 뭘 하고 있나?' 하는 생각이 들었다"고 했다.

그렇다고 대기업이 분배를 안 하는 대신 투자를 더 많이 하고 있는 것도 아니다. 장 교수는 "기업 투자비중이 늘지 않는 것은 한국은행 국민소득계정에 명확하게 나타나 있다"면서 "최근에는 설비투자까지 크게 줄었다"고 했다.

삼성전자 납품기업 중 세계적으로 성장한 기업이 있나?

그럼 기업의 이익은 어디로 가고 있는 것일까? 언뜻 생각하면 '자본가'에게 돌아갈 것 같지만 그렇지도 않다. "그게 바로 한국 경제의 미스테리"라면서 "기업이 번 이익은 공급자·노동자·자본가 중 어디론가 가야 정상인데 한국에서는 어디로도 가지 않고 기업 내부에 쌓여 있다"고 했다.

가계저축율이 8%인 반면에 기업저축률은 20%(2015년)에 달하고, 사내유보율(이익 대비 기업 내부에 남긴 금액 비율)은 1990년 이후 지속적으로 증가해왔다. 제조업의 경우 1990년 83.3%였던 것이 2015년에는 94.2%에 달했다. 장 교수는 "기업만 점점 더 부자가 되는 나라"라고 했다.

궁금증이 생긴다. 기업이란 결국 사람들의 모임인데, 기업이 많은 돈을 지닌다는 것은 궁극적으로 누구에게 이익이 되는 것일까? 그 답이 가리키는 바가 이날 인터뷰가 향한 곳이었다. 즉, "재벌 총수 일가"다.

"삼성전자, 현대자동차는 각각 1999년, 2000년 이후로 주식발행을 단 한 차례도 한 적이 없습니다. 세계 어느 나라에 가서도 좋은 조건으로 돈을 조달할 수 있는 기업인데도 말입니다. 그런 글로벌 기업이 되라고 지금까지 국가적으로 지원해준 것이죠. 그런데 실제로는 투자를 받지도 않고, 대출을 받지도 않습니다. 돈 쓸 데가 있으면 사업해서 번 돈(이익)을 가지고 씁니다. 그러다 보니 임금으로, 중소기업에게로 분배할 돈이 없는 것입니다."

그렇게 하는 이유는, "증자 등으로 자본조달을 하면 총수 일가의 지분 비율이 줄어들기 때문"이다. 재벌 그룹들이 기형적인 지배구조를 통해 5%가 채 안 되는 총수 일가 지분으로 전체를 좌지우지하는 상황이라 자본조달을 꺼린다는 것이다.

"외부의 간섭이나 감독을 받지 않고 총수의 경영권을 유지하려면 내부유보를 하는 것이 가장 유리하고도 손쉬운 것이죠. 새로 하고 싶은 사업을 벌일 때도 마찬가지입니다. 외부에서 자금을 조달하거나 은행에서 빌리려면 타당성 등을 검증받아야 하고 절차가 복잡한데 내부자금은 마음대로 쓸 수 있으니까 총수 일가들 입장에서는 입맛대로 사용할 수 있죠. 사적私的 의사결정을 하는 데 활용되는 것입니다. 물론 상장하지 않고 가족 단위로 운영하는 유럽의 많은 기업들도 그렇게 합니다. 페라리, 구찌 등 유명 기업들이 그렇습니다. 다

"기업이 번 이익은 공급자 · 노동자 · 자본가 중 어디론가
가야 정상인데 한국에서는 어디로도 가지 않고 기업 내부에
쌓여 있습니다."

만 그 기업들은 브랜드가 유명할 뿐이지 '글로벌 기업'이라고 할 수 없습니다. 지분 100%를 가족이 소유한 가족기업이지요. 우리나라 대기업들은 상장도 했고, 총수 일가는 지분 5%도 가지고 있지 않은데도 가족기업처럼 운영하니까 문제가 생기는 것입니다."

재벌 그룹을 견제하지 못한 폐해는 거기서 그치지 않는다. 장 교수는 "경제 전체의 성장동력을 도리어 막고 있는 것이 재벌 대기업들"이라고 했다. 전 산업 부문에 문어발식으로 계열사를 둔 재벌 그룹들 때문에 '글로벌 1위 기업'이 나올 수 없는 구조가 됐다고.

"IT 부문 중에서 가장 부가가치가 높은 게 시스템통합서비스(SI)라는데, 30대 재벌 중에서 22개가 SI 계열사를 두고 있습니다. 30대 기업 중 20개가 물류·운송기업을, 10대 재벌 중 7개가 광고회사를 가지고 있습니다. 각각 자기 그룹 일감으로 사업하는 기업들이죠. 그런데 어떻게 세계 경쟁에서 앞서나가는 글로벌 기업이 나오겠습니까? 재벌 그룹마다 휴대전화 만드는 계열사를 가졌다면 삼성전자가 세계적인 기업이 될 수 없는 것과 같은 이치지요. 재벌들의 내부거래가 한국 경제에 엄청난 걸림돌인 이유가 여기 있습니다."

그 구체적인 예로 장 교수는 "삼성전자에 납품하는 부품업체 중에서 자체 기술을 기반으로 세계적으로 성장한 기업이 있느냐"고 물었다. 한때 몇 개 유망 기업들이 있었지만 삼성전자가 거래를 끊어버리고 자체 생산에 들어가는 바람에 문 닫은 기업들이 적지 않았다고 전하면서 "재벌이 전방위적으로 시장을 지배하는 이 구조하에서는 새로운 성장동력이 나오거나 창업 기업이 성공하는 구조가 절대 될 수 없다"고 단언했다.

또 다른 예는 물류 분야다. '쿠팡' '우아한형제들'(배달의 민족) 등 새로운 바람을 일으키는 신생기업이 없지 않은데 어느 정도 이상 성장하지 못하는 것도 '대기업 때문'이라는 것이다.

"쿠팡 같은 기업은 물류에서 혁신성을 찾으려는 노력도 하고, 전 직원 정규직화를 하는 등 젊은 사람들이 일하고 싶어 하는 기업이 되려는 노력도 하고 있더군요. 어쩌면 세계적으로 뻗어나갈 수도 있는 기업입니다. B2C(기업 대 소비자) 분야만이 아니라 B2B(기업 대 기업) 분야로 얼마든지 확장될 수 있지요. 우리나라가 이렇게 수출 물량이 많은데, 그쪽으로 활로를 찾는다면 글로벌 기업이 되지 말라는 법이 있습니까? 그런데 왜 안 될까요? 대기업들이 그룹 안에 물류회사를 두고 물량을 독점적으로 몰아주는데 뚫고 들어갈 수가 없지요. 대기업 계열사들 입장에서는 그렇게 안정적 물량이 있는데 혁신을 거듭해서 세계적 기업이 되지도 않겠지요."

장 교수는 "이런 구조를 그냥 두고서 한국 경제에서 성장동력을 찾는다는 것 자체가 어불성설"이라고 했다.

국민 망할 지경인데
여전히 시장 타령

이렇게 원인이 분명하기 때문에 해법도 단순하다. 정부가 개입해서 국민들에게 분배가 더 이뤄지도록 하는 것이다. "외환위기 때 150조를 들여서 기업을 구제한 것처럼, 이제 국민이 망할 지경이니 국가가 개입하는 것이 당연하다"고 했다.

"미국이 1940년대부터 1980년대까지 이른바 '황금시대'(Golden Age)를 만들 수 있던 것은 루스벨트 대통령의 임금 통제 때문이었습니다. 분배가 이뤄지도록 직접 개입한 것입니다. 이것은 전혀 혁명적인 생각이 아닙니다. 국민이 망할 지경인데도 시장에 맡겨야 한다는 것이야말로 시장지상주의자들의 환상입니다."

전통적 산업정책부터 금융정책, 조세정책, 직접적 분배정책 등 정부가 개입하는 구체적 방법은 일일이 나열할 수 없을 만큼 다양하다고 했다. 그중에서 장 교수가 "현 정부에서도 시도했고 미국도 하고 있는, 조금도 이상할 것 없는 정책"이라고 한 방법은 기업 내부유보금에 세금을 매기는 것이다. 혹은 하도급 업체 직원 임금 몫으로 돌아가는 지출에 대해 세금 혜택을 주는 방법도 있다. 이런 방법들은 "정부가 복지정책 등으로 재분배하는 것보다 불평등을 교정하는 효과가 훨씬 크기 때문에 과감하게 시행할 필요가 있다"는 설명이다.

박근혜 정부는 상위 1% 근로소득자, 즉 대기업 직원 연봉을 깎아

"외환위기 때 150조를 들여서 기업을 구제한
것처럼, 이제 국민이 망할 지경이니 국가가
개입하는 것이 당연합니다."

서 임금격차를 줄이자는 방향을 취했다. 장 교수는 "만일 그렇게 깎은 몫이 비정규직 또는 중소기업 노동자에게 돌아가는 장치가 마련된다면 찬성할 수 있다"고 했다. "그런 장치 없이 고소득자를 누르기만 하면 알아서 저소득자에게로 가는 것이 아니"라는 설명이다.

장 교수는 "요즘 소위 '스카이'(서울대·고려대·연세대)를 나와도 좋은 직장에 못 간다는데, 좋은 직장이 왜 없어졌겠느냐"면서 "대기업·중소기업 임금격차, 비정규직 채용 관행만 없어져도 사방의 일자리가 다 좋은 일자리가 된다. 중소기업 임금이 대기업 임금의 90%를 넘고 비정규직도 없었던 1980년대에는 대학 안가도 희망을 가지고 일했었습니다"라고도 덧붙였다.

"지금 젊은이들이 원하는 좋은 직장의 조건이 뭘까요? 임금 높고 절대 안 잘리는 곳입니다. 역으로 접근하면, 모든 일자리를 그렇게 만들면 됩니다. 과거처럼 대기업과 중소기업 사이에 임금 차이가 거의 안 난다고 할 때, 비정규직으로 채용해서 2년마다 자른다고 하지만 않으면 다 좋은 직장이 됩니다."

이 역시 현 정부와 재계가 주장하는 것과는 반대 방향의 해법이다. 미래 경쟁력을 위해 '고용유연성'이 필요하다면서 정규직을 줄이고 시간선택제·파견직 등을 확대하고자 하기 때문이다. 이에 대해 장 교수는 "그야말로 헛소리"라고 일축했다.

"미래 산업 형태가 바뀌면 자연히 고용구조도 바뀌어갈 것인데, 그때를 대비해서 지금부터 임시로 일하자는 그런 황당한 주장이 어디 있습니까?"

장 교수는 "이미 한국은 고용유연성이 높은 나라"라고 강조했다. 평균 근속연수는 OECD 회원국 중 가장 짧은 5년 반이고, 근속 연수가 3년 미만인 노동자 비율이 전체의 절반이 넘는다. 1년 미만으로 근무하는 노동자 비율도 33%나 된다면서 "세 명 중 한 명이 매년 구직활동을 한다는 뜻"이라고 했다. 그는 비정규직 문제를 해결할 현실적이고도 단순한 방법으로 "고용요건을 '사람' 기준이 아니라 '직무' 기준으로 바꾸는 것"을 제시했다. 노동자 개인을 놓고 '2년 이상 고용할 것인가' 판단하는 것이 아니라 2년 이상 지속적으로 존재하는 직무라면 그 자리에 정규직을 고용해야 하도록 법을 개정하자는 것이다. "2년이 너무 짧으면 5년 단위도 좋다"고 부연하면서 "일단 비정규직보호법이 생긴 2007년 이후 지금까지 8년여 동안 계속해서 비정규직을 채용한 자리만이라도 정규직으로 전환해보자"고 했다. 그렇게 하면 현재 비정규직 중 최소 절반은 정규직이 된다는 것이다. "그 정도만 돼도 지금까지 '헬조선'이라 하던 사람들이 당장에 '헤븐heaven 대한민국'을 외칠 겁니다."

장 교수는 "그러므로 기성세대들이 자기 세대의 기준을 가지고 젊은 세대에게 '너희는 왜 3D업종 안 가려고 하느냐?' '중소기업 안 가려고 하느냐'고 다그치지 말아야 한다"고 덧붙였다.

"고용이 안정적이고 임금이 적정한 일자리 자체가 줄어들어서 아무리 스펙을 쌓아도 들어갈 수 없게 된 구조를 누가 만들었습니까?

청년들이 '헬조선'이라고 부르는 이 상황을 산업화·민주화 세대가 같이 만든 겁니다. 물론 부모세대는 자기 자식들을 위해서는 희생하고 온갖 노력을 했지요. 그렇지만 국가 전체로는 자식들에게 지옥을 만들어준 겁니다. 지금이라도 어디서부터 잘못된 것인지 되짚어봐야 합니다."

시대착오적 피터팬 증후군

장 교수는 산업화·민주화 세대인 기득권의 책임을 인터뷰 내내 여러 번 강조했다. 불평등이 심화되고 개선되지 못한 것도 "기득권층의 침묵" 때문이었다고 지적했다. "우리 사회의 보수는 박정희 시대에, 진보는 (6월 항쟁과 노동자 대투쟁이 있었던) 1987년에 머물러 있고, 양쪽 다 그 시대가 좋았다는 착각에 빠져 있다"는 것이다.

"저는 그런 생각에 머물러 있는 사람들에게 '1979년 1인당 국민소득이 얼마였는지 아시느냐'고 묻습니다. 1860달러였습니다. 드라마 〈응답하라 1988〉 보면서 '그때가 좋았다'고도 하는데 그때 국민소득은 4810달러였습니다. 지금 국민소득이 2만 8000달러인데, 그 시절이 뭐가 그렇게 대단했겠습니까? 지금 국민소득이 7700달러가 넘어가는 중국을 우습게 보면서 말입니다. 그 시대의 사고에 머물러 있다면 '피터팬 증후군'일 뿐입니다. 그 시대가 주는 향수는 향수일 뿐이고, 그때의 잣대로 지금의 경제를 바라봐서는 안 됩니다. 특히 '기업이 잘돼야 국민이 잘된다'는 생각에서 깨어나 현실을 제대로 봐야 합니다."

지금의 현실이란 20대들이 자신들을 '포기세대' '잉여세대'라고 부르면서 좌절하고 있는 것이다. "우석훈 박사가 20대를 '88만원 세대'라고 했는데, 지금은 절망이 더 깊어졌다"면서 장 교수는 "이대로 가면 다음 세대는 '유령인간'이 된다"고 경고했다. 존재하지만 존재하지 않는 지경에 이르게 된다는 것이다. 그때는 사회적 갈등 정도가 아니라 사회적 혼란이 극심해지게 될 것이라면서 "부모들이 각자 자녀를 위해 따로 애쓸 게 아니라 왜곡된 경제구조를 바꾸기 위해서도 목소리를 내야 한다"고 했다.

젊은 세대들이
자각하고 있다

인터뷰 내내 신기했던 것은, 각종 통계 수치가 즉석에서 제시된다는 것이었다. 거의 모든 논거마다 통계가 뒷받침되는 것도 인상적이었다. 그만큼 장 교수가 최근 집중적으로 말하고 집필한 주제라는 것, 그만큼 중요하고 더는 미룰 수 없는 문제라는 것을 알 수 있었다.

그러고 보면 장 교수가 참여연대 경제민주화위원회를 만들어 소액주주운동을 시작한 1996년 이후로 20년, 기업지배구조 개선을 위한 '장하성 펀드'를 내놓았던 2006년 이후 10년이 지났다. 그동안 계속해서 이와 같은 이야기를 해온 셈이다. 책《왜 분노해야 하는가》에 청년층에게 주는 강한 메시지를 담은 일, 정치인들에게 직접 훈수를 두거나 대중강연을 해온 것 등도 모두 같은 맥락이라고 할 수 있다.

20년 넘도록 같은 이야기를, 점점 더 힘줘서 해야 하는 현실이 씁쓸할 만도 하다. 그렇지만 장 교수는 "젊은이들이 '저 사람은 왜 자꾸 우리보고 분노하라는 거야?' 하는 반응이더라." 하고 웃으면서도 지친 기색은 내보이지 않았다. 오히려 변화, 혹은 그 징조에 대한 기대가 엿보였다. 그 답은 인터뷰 중 여러 차례 강조한 "젊은 세대들이 이미 자각하고 있다"는 말에 들어 있을 것이다.

교수님께서 참여연대에서 소액주주운동을 하고 삼성전자 주주총회에 가서 문제제기 하시던 때 나이가 40대 중반이셨습니다. 그 시대에 새로운 의제를 던지신 셈이었는데, 지금 20년이 흘렀습니다. 사회는 더 나빠졌습니까?

그 시절에는 시대 의제를 이끈다든지 그런 개념이 없었어요. 재벌 그룹에서 벌어지는 일들을 보니까 명약관화하게 불법인 일들이 있었죠. 법률용어로 '횡령'이라고 멋지게 표현해서 그렇지, 사실 회삿돈 가져가는 건 그냥 '도둑질'이거든요. 보통사람은 빵 하나를 훔쳐도 감옥에 가는데 재벌 가족이 수십, 수백, 심지어 수천억 원을 도둑질해도 죗값을 안 치르는 게 도저히 이해도 안 가고 받아들일 수가 없었어요. 보수주의자들이 말하는 자유민주주의 시장경제의 가장 기본은 사유재산의 보호이고, 정치적으로 본다면 타인의 자유를 침해하지 않고 나의 자유를 확보하는 건데, 자유민주주의 시장 경제 부르짖는 사람들이 그렇게 남의 재산 도둑질하고 남의 자유를 억누른 대가를 사유화하는 것을 용납하는 것이 앞뒤가 안 맞는다고 생각했지요. 그렇게 개인 가치 판단에 의해 시작한 일이지 그게 한국 사회를 어떻게 바꿀 거다, 그렇게 생각한 건 아니었어요.

그게 벌써 20년 전인데, 그 이후로 나아진 면이 있지요. 당시에는 재벌 총수들의 불법적 행위를 법원도 용납하는 경향이 있었지만 지금은 그렇지 않아요. 지금도 분식회계가 있고 총수들이 비상식적인 경영행위를 하지만, 과거처럼 당당하게 하거나, 하고도 아무 문제가 되지 않는 세상은 아니니까요. 다만 다른 문제가 생겼죠. 경제구조와 사회구조가 기득권이 더 공고해지도록 하고 있으니까요. 이제는 그 문제에 집중해야 한다고 봅니다.

피게티의 《21세기 자본》이 세계적으로 주목받은 것만 봐도 불평등이 심해지는 것은 전 세계적인 현상으로 보입니다. 우리 사회의 재벌집중 구조를 바꾼다고 해도 불평등 심화를 막을 수는 없는 것 아닐까요?

불평등은 글로벌한 경향이 맞습니다. 가장 불평등 정도가 낮은 스웨덴마저도 1980년대 금융위기 이후로 조금씩 그 정도가 커지고 있습니다. 문제는 우리나라의 속도는 너무 빠르다는 겁니다. 세계에서 가장 빠르죠. 그것도 1980년대~1990년대 중반까지는 고

도성장 중이었는데도 불구하고 불평등이 악화되지 않고 심지어 완화되기도 했는데 그 이후로 급격히 나빠진 것입니다. 정부의 통계는 왜곡된 부분이 있지만, 한국노동연구원의 임금 지표로 상용근로자 임금 최상위 10%와 하위 10%로 지니계수를 구해보면 명확합니다. 지금 선진국 중에서 가장 불평등한 나라가 미국인데 거의 비슷한 수준까지 왔습니다. 우리는 가계소득에서 임금이 차지하는 비중이 거의 대부분인 나라여서 더 문제입니다. 도시근로자로 보나 2인 이상 가계로 보나 95% 이상이 임금소득으로 나옵니다. 상위 10%도 임금소득이 95%이긴 마찬가지입니다. 상위 1%, 0.1%를 보면 재산소득 비중이 높아지긴 하지만 극히 일부일 뿐입니다.

젊은 층에서도 장래희망을 '건물주'로 답할 만큼 부동산에 대한 집착이 심한데, 부동산 소유 여부가 실제로는 생활에 영향을 못 준다는 것인가요?

그렇죠. 타워팰리스를 소유했어도 거주하는 주택을 팔지 않는 한 소득과는 관계가 없습니다. 요즘 사람들이 상가임대, 부동산 경매 등을 자산축적의 유일한 길로 보고 희망하는 현상이 보이는데, 수익성 있는 다른 투자가 없기 때문에 부동산으로 돈이 몰리지만 임대차 소득이 가계소득에 영향을 주는 비중은 한국 전체로 보면 아주 작습니다. 서울 또는 일부 지역에서 주변 사람들만 보면 그런 비중이 높은 것처럼 착각하게 되는 것입니다. 또 착각하는 것이, 임금으로 분배되지 않으면 자본소득이 늘어난다는 것입니다. 배당수익과 이자율이 높아야 자본소득이 많을 텐데, 우리나라는 전 세계의 투자 가능한, 신용등급 BBB+ 이상 국가 중에서 배당수익률이 가장 낮은 나라입니다. 평균 1%가 채 안 됩니다. 이자율은 전 세계가 연동되는데 우리나라만 높을 수가 없지요. 기업은 투자나 대출을 원하지 않고, 임금으로 분배할 돈을 아껴서 안에 뒀다가 쓰고 싶어 합니다. 그래서 기업저축이 가계저축의 3배에 달하는 것입니다. 피케티 이론이 한국에서는 적용되지 않는 이유가 여기 있습니다. 한국에서 불평등을 바로잡으려면 무엇보다 임금 불평등을 해소해야 하는 것은 분명합니다.

분배의 문제는 고용안정과도 연결됩니다. '저성과자 해고'처럼 우리는 갈수록 고용안정 보장에 인색한 사회가 되고 있습니다. 기업 경쟁력 면에서 불가피하다는 주장 때문에 노동계에서도 완전히 반대되는 주장을 하지 못합니다.

한국은 개인해고는 어렵지만 집단해고는 이미 OECD 회원국 중에서 가장 쉬운 나라 중 하나입니다. 2015년에 두산인프라코어에서 신입사원까지 희망퇴직 대상으로 삼아서 문제가 된 것이 대표적인 예입니다. 말이 희망퇴직이지 실질적으로는 강제퇴직이나 다름없으니까요. 저는 '저성과자 해고'를 가능하게 하는 것도 문제지만 그보다는 집단해고를 쉽게 하는 문제를 바로잡는 게 더 시급하다고 봅니다. 물론 제가 개인적인 경험이 없어서 조심스럽지만, 직장생활 하다가 상급자가 '저놈 미우니까 잘라야겠다.' 하는 경우가 얼마나 일반적일까요? 그런 의도로 해고해야 할 만큼 업무성과와 역량을 객관화하기는 어려울 겁니다. 그보다는 조직적인 차원의 보복인사 등에 악용될 가능성이 있겠죠. 대기업 노동조합들이 강경하게 반대하는 이유도 거기에 있습니다. 기업들은 노동조합 활동 등으로 해고하면 안 된다는 것을 알면서도 '일단 자르고 법원 가서 보자'고 하고, 법원에서도 바로잡아주지 않는 일들을 겪었기 때문입니다. 때문에 궁극적으로는 집단해고가 어렵도록 법을 강화하는 게 더 중요합니다.

지금처럼 집단해고가 가능한 상황에서 기업들이 경쟁력 운운하면서 노동유연성 얘기하는 것은 설득력이 없습니다. 한국은 이미 OECD 회원국 중에서 평균 근속연수가 제일 짧은 나라 아닙니까? 1년 미만 근속자 비율도 가장 높은 나라입니다. 세 명 중 한 명이 매년 새 직장 구하는 나라인데 노동유연성이 없다는 건 말이 안 되지요.

비정규직 문제가 우리나라에서만 이렇게 심각한가요?

고용계약이 지속적이냐 임시냐, 즉 '지속계약'(permanent contract)이냐 '임시계약'(temperary contract)이냐 하는 구분은 어느 나라에나 다 있습니다. OECD 국가들을 봐도 임시계약 비중이 15~20% 됩니다. 처음 일할 때는 임시직으로 시작했다가 1년 정도 지나면

30% 정도는 지속계약으로 전환되고, 3년 정도 지나면 60~70% 전환되는 것이 일반적입니다. 100%가 아닌 것은 일자리 자체가 일시적이거나 또는 노동자 스스로가 원치 않는 경우가 있기 때문입니다. 유럽은 같은 노동인데 임시직으로 고용하려면 임금을 더 줘야 합니다. 고용보장을 해주지 않는 대가인 것이죠.

문제는 우리는 '지속계약'을 해야 할 노동자를 임시로 쓰고 있다는 것입니다. 지속되는 업무인 것이 분명한데 사람만 임시로 쓰는 것이지요. 그게 극도의 고용불안을 만드는 것입니다. 비정규직 노동자가 정규직으로 전환되는 비율을 보면 1년 지났을 때 열 명 중 한 명, 3년 후에 두 명 정도입니다. 나머지는 특별한 잘못 없이도 갈아치우는 것입니다. 그래야 고용비용을 덜 쓰니까요. 그렇다고 우리나라 산업구조가 유럽에 비해서 임시직이 더 많아야 하는 것도 아닙니다. 이 부분도 사람들이 잘못 알고 있는 것인데, 한국은 제조업 비중이 줄어든 적이 없습니다. 건설업이 줄긴 했지만 제조업으로 보면 오히려 OECD 국가 중에서 유일하게 비중이 늘어난 나라입니다. 물론 서비스업이 늘어나서 질 나쁜 일자리가 늘어난 건 맞지만 미국, 유럽, 일본에서 서비스업 비중이 늘어난 것에 비하면 늘어난 것도 아닙니다. 그런데도 고용의 질을 가장 앞장서서 떨어트리고 있는 것이죠.

청년수당, 청년배당 같은 정책은 어떻게 보십니까?

안타깝게도 그 내용이 제대로 알려져 있지 않은 것 같아요. 마치 청년이 일 안 하고 있으면 얼마씩 준다는 식, 세금으로 퍼주기를 한다는 식으로 알려진 것이 문제입니다. 물론 언론의 책임도 크지요. 서울시의 정책은 청년이 일정한 활동을 하는 것을 지원하는 '활동지원금'의 성격인데, 제대로 홍보가 되지 않았습니다. 노인수당 중에도 교통지도, 자원봉사 등을 하면 인센티브를 주는 성격의 것들이 있는데 제대로 알려져 있지 않습니다. 그런 상황에서 노인문제와 청년문제를 대비시켜서 어느 쪽 지원이 더 필요하다는 쪽으로 논의가 가면 세대 간 갈등만 생깁니다. 청년들이 기회를 만들 수 있도록 정부가 보조금을 지급하는 것은 당연히 좋은 정책이고, 적극적으로 해야 한다고 봅니다.

복지는 종합적
안전망이다

오건호
내가만드는복지국가
공동운영위원장

세금 더 낼 준비를 하자

＂

대학과 대학원에서 사회학을 전공하고, 2001년부터 민주노총, 민주노동당에서 사회
복지 영역을 담당했다. 이어 사회공공연구소, 글로벌정치경제연구소에서 연금, 재정
분야를 연구했다. 2010년에는 '건강보험 하나로 시민회의' 공동운영위원장으로 시민
복지운동에 나섰고, 2012년부터 '내가 만드는 복지국가' 공동운영위원장으로 활동하
고 있다. 최근에는 가난한 노인들의 '줬다 뺏는 기초연금' 문제를 해결하고자 여러 단
체와 힘을 모으는 중이다. 지은 책으로 《내가 만드는 공적 연금》《국민연금, 공공의
적인가 사회연대 임금인가》《대한민국 금고를 열다》《나도 복지국가에서 살고 싶다》
등이 있다.

"정부가 누리과정을 파행시켰던 이면에는
무상급식 정당성, 즉 보편복지의 방향을 훼손시키려는
목적이 있었다고 봅니다."

"

복지정책 전문가인 오건호 내가만드는복지국가 공동운영위원장을 인터뷰했던 시점은 2016년 2월, 누리과정 파행 사태 직후였다. 당시 이 사태는 보는 사람들을 무척 헷갈리게 했었다. 정부는 누리과정 예산을 못 주겠다고 하고, 교육청은 어서 내놓으라고 하는 사이에 어린이집은 교사 월급을 못 준다 하고, 학부모들은 가계 부담이 늘게 됐다고 아우성을 치고 있었다. 국가예산이라는 것이 실시간으로 증감하는 것도 아닐진대, 왜 이런 파행이 벌어지고 장기간 공방만 오가는지 시민들로서는 알 수가 없다.

오 위원장은 "무상급식의 정당성, 즉 보편복지의 방향을 훼손해서 기존의 선택적 복지로 돌아가고자 하는 의도가 정부에 있다"고 분석했다.

"공방을 계속하다가 불가피하게 서로 타협한다고 가정해보죠. 정부가 누리과정 어린이집 몫 필요 예산의 절반, 약 1조 원만 교육청에 떠넘겨도 자체 수입이 거의 없는 교육청은 아주 힘듭니다. 다른 사업을 먼저 줄이더라도 결국은 무상급식을 선별지원 방식으로 바꾸라는 압력을 받게 될 겁니다."

학부모들도 '정부가 돈이 없다는데 어쩌겠나, 여유 있는 집에서 급식비 조금씩 내는 게 학교 시설 못 고치고 기본 교육사업들 파행되는 것보다 낫지 않을까?' 하고 현실적 판단을 하게 된다. 실제로 2015년 경상남도 무상급식 중단 국면에서 실시된 여론조사에서 학부모들이 그런 반응을 보였다.

또한 오 위원장은 "이렇게 무상급식 정당성을 훼손하면 진보 교육감들이 가져간 교육 현장의 행정권력을 되찾아올 수 있다는 보수 진영의 노림수도 엿보인다"는 의견을 덧붙였다.

'복지 없는 증세'는 사실과 다르다

애초에 인터뷰의 초점이 여기 있지는 않았다. 그렇지만 이 분석은 핵심적인 문제의식과 이어진다. '진보세력은 뭘 하고 있느냐'는 것이다. 2010년 무상급식 논쟁으로 보편복지 의제가 다소 갑작스럽게 대두된 이래, 이 의제를 내실화하는 데 무슨 노력을 했는지 보이지 않는다는 말이다. 오 위원장은 "이제부터라도 아래로부터 벽돌을 쌓듯 복지 의제를 만들고, 복지세력을 형성해가야 한다"고 강조했다.

사회학 박사인 오 위원장은 사회공공연구소 연구실장, '모든 병원비를 국민건강보험 하나로 시민회의' 공동운영위원장을 지냈고, 2012년부터 내가만드는복지국가 공동운영위원장을 맡고 있다. 인터뷰 바로 전날(2월 2일) 출범한 '어린이병원비국가보장추진연대'(이하 어린이병원비연대)의 공동대표직도 맡고 있다. 이렇게 직함만 보고 무슨 일을 해왔는지 분명히 알 수 있는 사람도 드물다. 오 위원장의 모든 활동의 지향점은 '복지국가'(welfare state)에 있다. 복지국가는 복지 수준이 높은 국가 정도로 이해해도 틀리지는 않지만 사회보장제도와 최저임금, 고용제도 등이 잘 갖춰진 서구권, 특히 북유럽 같은 국가를 일컫는 용어이기도 하다. 오 위원장은 이 복지국가의 관점에서 정부의 정책, 선거 공약 등을 조목조목 분석하고 비판하는 역할을 해왔다.

그런 오 위원장이기 때문에 야권에서 박근혜 정부에 대해 '증세 없는 복지가 아니라 복지 없는 증세'라고 하는 비판은 동의할 줄 알았다. 반대로 그는 2015년 이 말을 했던 문재인 당시 새정치민주연합 대표에 대해서 "책임 있는 위치라면 그런 부정확한 표현을 해서는 안 된다"는 비판적인 생각을 했었다고 전했다.

"저는 그 말을 듣고 깜짝 놀랐어요. 담배세 증세 논란이 있을 때

이긴 했지만, 국정운영의 파트너이자 중세 결정을 같이 한 것이나 다름없는 야당 대표가 그런 말을 한다는 것은 무책임한 일이지요. 그런데 그 말이 또 상당한 공감을 불러일으켰습니다. 우리나라에서 복지 논의가 발전되지 않는 이유가 거기 있다고 봅니다."

중간계층 불안 원인은 '사회안전망 부재'

오 위원장은 "요 몇 년 사이 대한민국 복지 시스템은 상당히 나아졌고 수혜자도 꽤 늘었다"고 강조했다. 그 자세한 설명을 듣기 전에, 그렇다면 우리가 왜 복지가 늘어났다고 느끼지 못하는지를 들어보자. 이 설명은 인터뷰의 첫 질문인 '지금 한국 사회의 가장 큰 문제는 무엇인가?'에 대한 답이기도 하다.

"지금 한국 사회를 사로잡고 있는 건 불안입니다. 어느 계층에나 불안은 늘 있지만 시대적 징후로서 강하게 느껴지는 건 중간계층의 불안입니다. 특히 현재에 대한 불안보다는 미래 불안이 큽니다. 앞으로 자신이 하향이동 하리라는 불안, 노후가 위태롭고 자식세대의 앞날도 깜깜하다는 불안입니다."

중간계층이 불안을 느끼는 건 시스템이 희망을 주지 못하기 때문이다. 1980년대~1990년대 초반만 해도 대한민국의 미래를 밝게 봤으니 계층 상향의 꿈이 있었고, 기업이 성장하는 만큼 자기 삶도 나아지리라 여겼는데, "기업이 언제든지 나를 버릴 수 있다"는 것을 깨달으면서 그 믿음이 깨졌다는 것이다. '중간계층의 위기'는 비단 한국만의 문제는 아니다. 2008년 글로벌 경제위기 이후 이중화·양극화가 심해지면서 서유럽을 포함한 많은 국가들도 공통으로 겪고 있다. 그럼에도 한국 사회의 불안이 더 큰 이유가 바로 '복지'에 있다.

오 위원장은 "40~50대가 힘든 이유가 우리 사회에서는 한 번 삐끗하면 미끄럼틀을 타듯이 내려가고, 다시 오를 계단은 없기 때문"이라면서 "거기다 사회에는 이를 받아줄 최소한의 안전판이 없다 보니 계층 변화를 극도로 두려워하게 된다"고 했다.

사람들이 사회의 안전판, 즉 복지 시스템 강화를 원하는 것은 자연스러운 흐름이다. 오 위원장은 "실제로 2010~2014년 우리나라의 복지 확대 과정은 서구 복지국가 형성 과정과 비교해도 굉장히 빨랐다"고 했다. 무상급식이 시작된 지 3~4년 만에 전국으로 확대됐고, 무상보육도 논의가 시작된 지 2~3년 만에 전면화됐다. 기초노령연금이 2008년 도입된 뒤 7년 만에 2배인 20만 원으로 올랐다. 국민연금과 연계되는 방향으로 차등은 생겼지만 말이다. 대학 등록금도 애초에 과도하게 높은 것이 문제였고, 계층별 차등지원 방식이지만 총액으로 보면 절반 수준으로 낮아졌다. 오 위원장은 이런 내용을 하나하나 짚으면서 "지난 4~5년간 복지의 양적 확대는 대단했다는 점을 꼭 강조하고 싶다"고 했다.

오 위원장은 "복지는 단순히 경제적 지원이 아니라 종합적 안전망"이라며 "사회적·문화적·정신적 안전망까지 돼줘야 한다"고 전제했다. 그리고 "우리 사회의 복지가 안전망이 되지 못하는 것은, 지극히 물량주의적으로 정치권에 의해 위에서부터 선사되는 방식으로 확대됐기 때문"이라고 설명했다.

문제는, 그럼에도 불구하고 '내가 일자리를 잃더라도, 잠시 사정이 나빠져도 복지가 있으니까 괜찮겠구나.' 하는 안정감은 생기지 않았다는 것이다. 오 위원장은 그 이유로 두 가지를 제시했다.

"첫째는 사회보험 복지의 취약입니다. 최근 보육과 기초연금 영역에서 복지가 확대됐지만 우리나라 복지체계의 근간은 일정 부분 본인이 부담하면서 질병, 노후, 실업 등에 대비하는 사회보험입니다. 의료보험, 고용보험, 국민연금 등이지요. 그런데 이 영역을 통해서 국민에게 체감되는 복지가 제자리걸음이고 사각지대도 심각합니다. 그래서 다른 복지가 빠르게 늘어도 생활에 안정감을 줄 정도에는 이르지 못하는 것입니다."

또 하나는 복지 확대 과정에서 형성돼야 할 사회적 연대와 협동이 빈약한 수준이라는 점이다. 오 위원장은 "복지는 단순히 경제적 지원이 아니라 종합적 안전망"이라며 "사회적·문화적·정신적 안전망까지 돼줘야 한다"고 전제했다. 그리고 "우리 사회의 복지가 안전망이 되지 못하는 것은, 지극히 물량주의적으로 정치권에 의해 위에서부터 선사되는 방식으로 확대됐기 때문"이라고 설명했다.

다시 말하면 2010~2014년 복지 확대는 정치권에 의해 '포퓰리즘 방식'으로 진행됐다는 것이다. 복지 확대를 요구해온 쪽에서 가장 불편해하는 말이 '포퓰리즘'일 것 같은데, 오 위원장은 거리낌이 없었다. "복지는 선물처럼 받는 것, 주면 좋고 안 주면 아쉬운 것이어서는 안 되기 때문"이라는 설명이다.

복지는 선물이 아니라
연대해서 만드는 것

복지가 주어지는 것이 아니라면, 어떻게 만들어야 한다는 것일까? 복지와 연대·협동 사이에 어떤 관계가 있다는 것인지 선뜻 이해하기 어렵다. 오 위원장은 어린이병원비연대의 예를 들어 설명했다.

어린이병원비연대는 "어린이 병원비를 국가가 전액 보장하라"는 운동을 펼치는 단체다. 오 위원장은 "지난해 국민건강보험 누적흑자가 17조 원에 이르는 것을 감안하면 어린이 병원비 전액 보장에 필요한 연간 5000억 원은 큰 부담이 아니다"라면서 "우리 사회에 '꼭 필요하다'는 공감대만 이뤄지면 당장이라도 '어린이 무상의료'를 시작할 수 있다"고 말했다.

이 역시 '위'에서 결정해 도입하는 방식이라면 그다음으로 연결되기 어렵다. 그렇기 때문에 오위원장은 어린이병원비연대 운동에 기대가 컸다. 이 조직은 기존의 사회운동단체보다는 복지시설, 사회복지사, 어린이지원기관 등 일반 시민조직을 주축으로 한다. 이후 소비자생활협동조합, 지역조직 등으로 확대해나갈 예정이다. 아래로부터 함께 실천하는 경험을 통해 어린이 병원비 해결을 넘어서 공공의료를 향한 시민 주체도 형성하겠다는 포부다.

물론 공공의료·무상의료를 위해서는 무엇보다 재원이 필요하다.

오 위원장은 "정부의 지원을 바라기 전에 우리부터 건강보험료를 더 내야 한다"고 했다.

"무상의료가 하늘에서 떨어질 수는 없지 않겠습니까? 특히 직장 건강보험은 노사가 5대5로 내는데, 사측은 보험 수혜자가 아니다 보니 이 비용이 커지는 데 강력히 저항합니다. 그럴 때 노동자부터 '우리도 더 낼 테니 기업도 더 내자'고 할 수 있어야 건강보험 보장성을 올리는 것에 대한 합의가 가능해집니다."

그러지 않고 건강보험료 인상을 다 같이 반대만 한 결과가 사보험 시장 성장이다. 어린이 대상 사보험만 해도 4조 원 규모다. 오 위원장은 "무상의료는 좋을 것 같긴 하지만 경로가 보이지 않으니까 사람들이 사보험을 선택하게 된다"면서 "공적 건강보험으로도 무상의료가 가능한 경로를 아주 구체적으로 보여주고, 이를 위해서 우리가 어떤 역할을 해야 하는지 제시하고, 그 힘을 키우자고 얘기해야 한다"고 말했다.

연말정산으로 자녀공제 축소? 한 번 더 하자!

'건강보험료를 더 내자'는 것은 '세금을 더 내자'는 주장과 같은 방향이다. 오 위원장은 증세가 꼭 필요하다는 입장이다. 특히 무상의료·무상보육과 같은 보편복지를 위해서는 증세가 필수적이라고 했다. 이를 설명하면서 오 위원장은 "선별복지는 1차방정식, 보편복지는 2차방정식"이라고 했다.

"선별복지는 재정을 따질 필요가 없습니다. 정해진 재정을 놓고서 그 규모에 맞춰 선별된 대상에게 복지 혜택을 주는 것이니까요. 세출 부분만 신경 쓰면 됩니다. 그렇지만 보편복지는 모두에게 가기 때문에 그에 맞춰서 재원이 늘어야 합니다. 세입과 세출의 두 바퀴가 같이 가야 하는 것이죠. 그러니까 해가 두 개인 2차방정식이라고 할 수 있습니다."

그럼에도 우리는 무상급식 국면에서 보편복지 담론을 서구에서 급히 들여왔을 뿐 세입 부분에 대해서는 사회적 합의를 이루지 못했다. 오 위원장은 "그러다 보니 세출 바퀴만 돌고 세입 바퀴는 제자리인, 제자리에서 맴돌면서 땅을 파고 들어가는 수레가 된 것"이라고 했다. 이대로는 복지가 더 확대되지 못하고 피로감을 주는 논란만 되풀이될 우려가 크다는 것이다.

보편복지가 북유럽 등에서 성공한 것은 중상위 계층 이상에게까지 복지를 제공하여, 그 이점을 체험한 사람들이 증세에 합의하고, 이를 통해 재정이 확대되면서 전체 복지 수준을 다시 올릴 수 있는 선순환이 이뤄졌기 때문이다. 오 위원장은 이를 "코르피라는 학자가 말한 '재분배의 역설', 즉 부자에게 복지를 주는 것이 재분배 효과가 더 크다는 것"이라고 설명했다. 문제는 증세를 거부하는 데는 보수

·진보가 따로 없다는 것이다. 2015년 말 연말정산에서 일부 계층의 세금이 늘어난 사태를 '세금폭탄'이라고 공격한 야당과 진보 언론들에도 책임이 있다고 오 위원장은 지적했다.

"지난 연말정산 사태에서 논란이 된 건 자녀 관련 공제였어요. 출산을 했거나 6세 이하 자녀가 두 명 이상 있을 때 세금이 늘어난 것으로 나왔지요. 제가 마침 여기에 해당되는데 두 아이가 6세 이하여서 12만 원이 늘었습니다. 물론 '안 그래도 양육비 많이 드는데 이게 웬 세금폭탄이냐.' 하고 화낼 수 있지요. 하지만 '이거 멋지다! 한 번 더 하자'라고 할 수도 있는 겁니다."

이게 대체 무슨 말일까? 오 위원장은 "자녀 관련 세금 혜택을 왜 주겠느냐"고 반문했다. 양육비가 많이 드는데 그에 대한 사회보장이 빈약하니까 세금으로나마 혜택을 주는 것이다. 그런데 2013년부터 전 계층에 무상보육이 시행됐으니 이를 감안해서 세금혜택을 줄인 것이다. 오 위원장은 "저로서는 두 아이로 인해 연간 500만~600만 원의 무상보육 혜택을 받고 세금은 12만 원 늘었으므로 반가운 것"이라고 했다.

이렇게 '이거 멋지네!' 한다면 다른 것도 시도해보자고 할 수 있다. 예를 들어 이번에 세액공제로 전환된 의료비·교육비 지출 항목들을 무상의료·무상교육을 조건으로 아예 없앨 수도 있다. 의료비로 쓴 만큼 세액공제를 받는 것과 무상의료 혜택을 받는 것 중 어느 쪽이 이득이냐고 물으면 생각보다 쉽게 국민의 동의를 얻을 수도 있다. 더 나아가 현재 상당 규모로 존재하는 근로소득공제, 인적공제 항목 등으로 이야기를 발전시킬 수 있다. 아동수당 도입, 기초연금 인상·주거복지 등 다수 서민이 혜택을 누릴 수 있는 복지와 연동해 이러한 공제까지 단계적으로 손보자고 말이다.

복지는 '공동구매'이고 '연대'이다

오 위원장은 "세금을 더 낸 대신 복지로 돌려받는다는 것을 시민들에게 확실하게 보여줄 수만 있으면 충분히 가능한 일"이라고 했다. 여기에는 한 가지 조건이 더 있다. 그 혜택을 각자의 이득으로만 해석해서는 한계가 있다. 무상급식이 처음 화두가 되었을 때 "가난한 아이들이 상처받지 않게 하자"는 주장이 설득력을 얻었듯이 '함께 잘살자'는 생각, 공동체 중심의 관점에서 복지 확대와 증세에 대한 공감대를 만들어가야 한다는 것이다.

"스웨덴 보육정책의 모토는 '모든 아이는 모두의 아이'입니다. 복지국가를 바라는 사람들에게 필요한 것이 이런 사고입니다. 예를 들어서 누리과정이 파행될 때 '우리집 가계에서 당장 20만~30만 원을 더 낸다고? 무조건 안 돼.' 이렇게 생각해서는 복지국가로 갈 수 없습니다. '우리집도 어렵지만 더 어려운 사람들은 진짜 큰일이겠네.

어떤 아이들은 아예 교육을 못 받게 되겠네.' 하고 안타까워할 수 있어야 합니다. 민간 보험은 개인이 구매하는 것이지만 복지라는 건 공동구매이고 연대이기 때문입니다."

오 위원장은 "이것이 복지를 위한 사회연대의 측면"이라면서 "안타까운 것은 이런 논리를 우리나라 어느 언론, 어느 정치인도 말하지 않는다는 것"이라고 했다. 모두 개인적·실리적 관계로만 해석하고 판단해서는 공동체 전체가 잘살 수 있는 결정을 하기 어렵다는 지적이다.

하지만 증세에 저항하는 데는 나름의 이유들이 있다. '직장인만 유리지갑'이라는 논리가 대표적이다. 고소득 자영업자들은 탈세를 일삼는데 직장인들만 꼼짝없이 세금을 다 낸다는 것이다. 오 위원장은 이에 대해 "이제 어느 사업장이나 신용카드 사용 비율이 무척 높기 때문에 실제로 그 정도까지 불합리하지는 않다"고 했다. 불요불급한 정부 지출을 줄이면 되지 왜 국민에게 세금을 더 걷느냐는 논리도 있다. 여기에 대해서도 오 위원장은 "제일 답답한 게 '4대강' 이야기"라고 한탄했다.

"제가 복지를 위한 증세 이야기를 할 때마다 어김없이 듣는 말이 '4대강만 안 해도 증세할 필요 없지 않느냐'라는 것입니다. 그 심정은 이해하지만 실은 허구적인 프레임에 갇혀 있는 것일 뿐입니다. 이명박 정부가 왜 4대강 사업을 했겠습니까? 사회간접자본(SOC) 건설로 경기를 일으키고 싶은데 달리 할 게 없으니까 애꿎은 강바닥을

팠다가 도로 덮은 것이지요. 그만큼 이제는 SOC 사업을 할 데가 없습니다. 정부도 재정이 어려우니까 더 이상 그런 지출을 신규로 하지 않습니다. 그런데 지금 복지 논의를 하면서 4대강 이야기만 하면 무슨 진전이 있겠습니까?"

어차피 우리나라에서 지출 구조조정으로 조성할 수 있는 재원은 한정적이라는 게 오위원장의 판단이다. 이어서 "우리나라에서 가장 덜 알려진 정보가 세금에 대한 것"이라면서 "강의 등으로 정확한 정보를 접하고 나면 증세 동의로 생각을 바꾸는 시민들이 많다"고 자신의 경험을 전했다. "우리나라에서 노동교육 못지않게 부족한 것이 세금에 대한 교육"이라면서 세입세출의 구조와 원리에 대해 청소년 때부터 제대로 된 교육이 이뤄져야 한다고 주장하기도 했다.

보편복지 성과가 '한여름 밤 꿈' 안 되려면?

정리하면, 오 위원장은 우리 사회의 불안, 특히 중간계층이 무너진다는 불안감을 줄이기 위해서는 복지를 통한 사회안전망을 만들어야 하며, 이는 정치권에 요구해서 선물처럼 받을 것이 아니라 어떤 복지를 원하는지 뜻을 모아서 요구하고, 그에 필요한 증세에도 합의하는 과정을 거쳐서 이뤄내야 한다고 했다. 그러지 못

"이전까지 복지정책에서 관전자·수혜자였던 사람들이 이제 직접 토론하고 참여하며 의제를 쌓아간다면 더 이상 정부와 정치권도 정책이나 공약을 막 던지고 '안 되면 말지.' 식으로는 하지 못합니다. 더 이상 시민들이 그냥 보아 넘기지 않을 것이니까요."

하면 앞으로 한국 사회는 어떻게 될까? "2010~2014년 사이 잠깐 경험한 복지국가의 비전은 한여름 밤의 꿈이 될 수도 있습니다."

이 때문에 이제부터 당장 해나가야 하는 것은 '복지국가'를 위해 진지하게 의제를 기획하고 전략을 짜고 확산시킬 '복지세력'을 구축하는 것이다. 오 위원장은 "안타깝지만 아직 우리 사회에는 복지세력이라고 부를 만한 주체가 미약하다"고 했다. 야권 정치인들이 2010~2012년 정치적 국면에서 무상급식 정당성을 주장하고 지켜오기는 했지만 위에서 말한 연대와 협동, 함께 만드는 복지에 대한 이해는 부족했기 때문이다. 그러다 보니 박근혜 정부가 막 던져놓은 복지정책에 대해서 비판하고, 축소 방침을 막는 데만 급급했다는 것이다.

"세금을 더 낼 수 있다"는 것은 복지국가의 씨앗

그렇다고 상황이 부정적인 것만은 아니다. 오 위원장은 "우리에게는 복지국가세력의 씨앗이 충분히 존재한다"고 했다. 2008년 촛불시위 때, 조직되지 않은 시민들이 자발적으로 광장에 나왔던 것을 상기시키면서 "이때 외쳤던 '함께 살자 대한민국'의 구호에서부터 경쟁보다 협동·연대를 지향하는 시민성이 새롭게 발견됐다"

는 것이다. 2008년 이후 지금까지 협동조합, 사회적 기업, 마을기업 등이 확산돼온 것도 새롭게 발견된 시민성이 바탕이 된 것으로 오 위원장은 해석했다. 물론 2010년 이후 확대된 복지에 대한 직접적인 체험도 소중한 밑거름이다.

또 다른 근거도 있다. 지난해 연말정산 이전까지 여러 여론조사나 학계 조사 결과를 보면 "복지가 늘어난다면 세금을 더 낼 용의가 있느냐"는 질문에 찬반 응답이 절반씩 나왔다는 것이다. 오 위원장은 "단순히 세금 내기를 좋아하는 사람은 없을 것이기 때문에 저 조사에서 '있다'고 답한 50%는 상당히 중요한 의미를 가진다"고 했다. 원하는 복지 수준이 가능하려면 세금을 더 낼 수밖에 없다는 것을 인식한 사람들이 '우리 자식세대가 살아가는 사회가 지금보다 더 나아지기를, 승자독식보다는 실패하더라도 비참한 나락에 빠지지 않는 대한민국이었으면 하는 바람'을 가지고 응답한 것으로 볼 수 있다는 것이다. 이들이 바로 '복지국가세력'의 씨앗이라는 설명이다.

때문에 정치권도 보다 과감하게 복지 의제를 기획하고 확장할 필요가 있다고 오 위원장은 강조했다.

"이전까지 복지정책에서 관전자·수혜자였던 사람들이 이제 직접 토론하고 참여하며 의제를 쌓아간다면 더 이상 정부와 정치권도 정책이나 공약을 막 던지고 '안 되면 말지.' 식으로는 하지 못합니다. 더 이상 시민들이 그냥 보아 넘기지 않을 것이니까요. 그렇게 하나둘 쌓아나가야 합니다."

인터뷰 시간은 그리 길지 않았지만 분량은 상당했다. 말투가 온화해서 잘 느껴지지 않을 뿐 말이 상당히 빠른 편이었다. 최대한 쉽게 말하려 했고 사안마다 배경을 일일이 설명하기도 했다. 그렇게 해야만 상대의 공감을 구할 수 있는 분야에서 오래 일해왔다는 것을 알 수 있었다. 인터뷰를 마치고 오 위원장은 다음 회의 일정을 위해 바삐 희망제작소를 떠났다. 듣는 내내 생소하기도 하고 새롭기도 했지만 지나고 돌아보니 아주 보편적인 이야기였다. 세금을 내는 사람과 세금 혜택을 받는 사람이 어떻게 해야 하는가에 대한 이야기, 결국 우리 모두에 대한 이야기였기 때문이다.

복지국가를 만들기 위해서 시민의 연대와 협동이 필요하다는 말씀을 조금 더 설명해주시겠습니까? 사실 복지는 정부로부터 받는 것, 권리라고만 생각했던 사람들에게는 굉장히 생소한 논리일 수밖에 없습니다.

무상의료를 예로 들어볼까요. 무상의료를 처음 요구한 것은 2000년대 중반 민주노동당이었는데, 자본으로부터 받아내는 것이라는 인식이 깔려 있었습니다. '무상의료가 이뤄지면 어떨까?' 하면 다들 '참 좋겠다'고는 하지만 현실적으로는 어떻습니까? 그냥 실손보험 가입하는 쪽을 택합니다. 한반도에 유전이라도 터진다면 모를까, 실제로 가능하다고는 생각하지 않는 것입니다. 그게 사실은 지극히 합리적인 판단입니다. 무상의료가 어떻게 가능한지, 그 경로를 구체적으로 보여주고 이 과정에서 시민이 할 일은 무엇인지를 알려줘야 하는데 그 역할을 하는 주체는 없지요. 그런 상황에서 정부에게만 요구해서는 될 리가 없습니다. 만일 시민들이 먼저 그 필요성을 느낀 뒤, 구체적인 방법을 숙지하고, 얼마큼 부담할 수 있을지를 먼저 제시한다면, 그리고 이를 받아서 어떤 대선 후보가 '무상의료'를 공약으로 내건다면 어떨까요? 공약은 공약空約이라지만 이런 공약은 절대 깨지 못합니다.

실제로 박근혜 정부는 인수위원회 때부터 공약을 깨기 시작했습니다. 만일 1~2년 해보고 나서 '도저히 안 되겠다, 죄송하다'고 하면 국민들도 거의 이해합니다. 박근혜 정부는 독특한 게 출범하기 전부터 복지정책을 깨기 시작했습니다. 일반적인 민주주의 원리에 따르면 당선무효를 요구해도 될 정도인데, 한국에서는 왜 이게 가능할까요? 복지를 '선물'로 받아들이기 때문입니다. 만일 우리가 땀 흘려 얻은 결과물을 줬다 빼앗는다고 하면 가만히 있을 사람들이 있습니까? 죽창을 들고서라도 막겠지요. 그런데 복지 공약은 왜 깨져도 가만히 있느냐 하면, 내 땀이 들어간 게 아니라고 보는 겁니다. 실제로는 그렇지 않지요. 우리가 세운 정부가 우리의 세금을 제대로 쓰도록 하는 일입니다. 그런데 우리의 복지 논의는 정치권에서 선심성으로, 선물로 주는 것처럼 진행되기 때문에 우리 것이라는 공감이 부족한 것입니다.

박근혜 정부가 인수위 때부터 깨트린 복지 공약이 정확하게 무엇이죠?

세 가지입니다. 하나는 기초노령연금을 모든 노인에게 20만 원씩 준다고 했다가 처지에 따라 감액하는 것으로 됐죠. 소득에 연계하는 방안, 국민연금에 연계하는 방안 등으로만 의견이 갈리다가 최종적으로 국민연금 가입기간에 연계하는 것으로 됐습니다.

두 번째는 4대 중증질환부터 시작해서 사실상 무상의료를 하겠다는 공약이었습니다. 구체적으로는 4대 중증질환 병원비 100%를 국가가 책임지고, 비급여까지 포함하겠다는 내용이었습니다. 통상적으로 비급여의 대표적인 3대 항목이 선택진료·간병·병실 비용입니다. 이게 병원비를 치솟게 하는 주된 원인이기 때문에 당연히 이부분이 포함되는 것으로 받아들여졌죠. 그런데 인수위 때 공식 브리핑으로 "3대 비급여 항목 포함 약속한 적 없다"고 발표합니다. 그래서 저희를 비롯한 관련 단체들이 인수위 사무실까지 찾아가 항의를 해서 완전히 무효화되지는 않고 로드맵을 만들어서 진행해보겠다는 얘기까지는 나왔습니다. 어쨌든 공약 파기죠.

마지막 하나는 이런저런 조치도 없이 완전히 깼는데도 아무 저항이 없이 잊혀지고 말았습니다. '저임금 노동자 사회보험료 전액지원' 공약입니다. 복지 영역으로 보면 사회보험에 해당하는 항목인데, 이게 왜 중요하냐 하면 앞에서 설명한 대로 우리나라 복지는 사회보험이 기본이 된 체제라서 이런 항목들이 잘 갖춰져야 국민들이 체감하는 복지 수준이 높아지기 때문입니다. 지금도 우리나라 복지 지출의 65%가 사회보험 부문이고 앞으로도 사회보험이 차지하는 비중이 더 커지게 돼 있습니다. 사회보험의 사각지대 문제는 사실상 심각한 수준입니다. 쉽게 말해서 4대 보험에 가입 안 된 노동자들이 해고되거나 건강상 문제가 생길 때 어떤 상황에 처하는지를 생각하면 됩니다. 그런데도 왜 이 문제가 전면에 부각되지 않느냐 하면, 노동자가 부담해야 하는 부분이 있기 때문입니다. 그래서 복지 확대를 요구하는 쪽에서도 국가재정으로만 가능한 복지 부문에 더 집중해온 경향이 있습니다. 진짜 본령인 땅을 놔두고 변방에서만 싸워온 셈이지요.

이 문제를 먼저 건드린 것은 의외로 이명박 정부입니다. 2012년에 저임금 노동자 사회보험 지원을 시작합니다. 고용보험과 국민연금 못 내는 저임금 노동자, 당시 기준으로 월 100만 원 이하를 기준으로 해서 1/2~1/3 정도의 보험료 지원을 시작했습니다. 이것을 박근혜 후보가 받아서 전액지원 공약을 내건 것입니다. 10인 미만 사업장으로 제한했지만 그 수혜자가 400만~500만 명 정도로 아주 의미가 컸습니다. 이렇게 시작해서 30인 미만 사업장 등으로 대상을 넓힐 수 있고, 더 나아가서 비정규직을 위한 여러 복지 캠페인을 할 수 있는 첫걸음이었기 때문에 당시 저는 '아주 좋은 공약'이라고 평가한 바 있습니다.

그런데 허무하게도 그냥 시행하지 않는 것으로 인수위 때 결정됩니다. 저희 단체도 반성하고 있습니다. 기초연금과 4대 중증질환, 3대 비급여문제는 논평도 하고 데모도 하고 대통령 고발도 하고 그랬는데 이 부분은 제대로 대응하지 못했습니다.

시민 진영에서 먼저 복지국가로 가기 위한 노력을 시작할 만큼의 토양은 있다고 보십니까?

저는 있다고 봅니다. '민심의 진보화'가 보입니다. 무슨 말이냐 하면, 예전 같으면 독재정부하에서 괴로워하는 사람도 시장이 커지는 걸 보고 자기의 성장을 꿈꿨습니다. 이제는 시장이 항상 옳은 게 아니라는 것, 경쟁이 항상 옳은 건 아니라는 것을 시민들이 알고 있습니다. 그리고 시장이 정당하지 못할 때 지적합니다. 이건 대단한 일입니다. 우리가 언제 그런 판단기준을 배웠습니까? 교과서에서는 시장과 경쟁이 다 옳다고만 배웠는데도 이렇게 알고 있다는 게 대단하다는 것입니다.

또한 사회연대의 주체가 충분히 성숙하지 못한 것은 사실이지만 일정한 성과는 있었습니다. 바로 '권리의식'입니다. 예전에는 복지 혜택을 받는다는 것을 부끄럽게 생각했습니다. 패배자라고 인정하는 것으로 인식했습니다. 그렇지만 이제는 아픈 사람, 아이, 노인, 학생, 집이 없어서 힘든 사람에게 왜 복지 혜택을 주지 않느냐고 따지는 단계까지 왔습니다. 자신의 세대와 계층 등 속성에 따라 복지를 누려야 하는 정당성을 스스로 알게 된 것입니다. 그러면서 시장과 경쟁을 상대화시킬 수 있게 된 것이라고 봅니다. 이것이 운동권이나 이념주의자를 통해서가 아니라 일반 시민들이 스스로 체득한 것이라는 점에서 의미가 있습니다. 저는 그 결정적인 계기가 앞에서도 언급한 2008년 촛불시위였다고 봅니다. 그때 나온 '대한민국은 민주공화국이다' '함께 살자 대한민국' 구호는 2002년 비씨카드 광고에서 "여러분~ 부자 되세요!"라고 했던, 시장성장 만능주의의 막바지 구호에서 완전하게 반전된 구호였습니다. 물론 이전에도 광장으로 민중이 쏟아져 나온 일은 있었지만, 정치적 이슈, 조직된 세력들이었습니다. 민생의 좌절 속에서 스스로 체득한 구호를 시민들이 들고 나온 것은 이때가 처음이었습니다. 새로운 대한민국 시민성의 등장이었고 그 토대는 협동과 공존이었습니다. 혼자 집에서 불만스러워하는 것보다는 밖으로 나와서 모여 외치는 것이 재미있다는 것을 사람들이 처음 경험했고, 그 경험은 그냥 없어진 것이 아니라 이후 여러 지역에서 진행된 마을 만들기, 사회적 기업, 협동조합 등으로 연결됐다고 봅니다. 2010년 이후 지방자치단체들부터 행정민주주의에 진전이 생긴 것도 그 영향일 것입니다. 그리고 이 힘이 "복지를 위해서라면 세금을 더 낼 수 있다"는 답변을 절반 정도 나오게 한 에너지입니다. 이것이 민심의 진보화, 또는 진보의 민심화라고 할 수 있습니다.

이런 변화가 어떻게 더 확대되고 복지국가를 향한 방향으로 연결될 수 있을까요?

여전히 시민사회단체, 정당의 역할이 중요하기는 하지만 예전 방식대로 해서는 안 됩니다. 박근혜가 해야지, 삼성이 해야지, 부자증세부터 해야지 등의 방법은 정치적 지형을 예각으로 만들기 위한 방식일 뿐입니다. 전통적 이념의 틀에 갇히지 말고, 시민의 힘, 협동의 힘을 믿고 방법을 바꿔야 합니다. 경쟁해서 승리하라는 논리, 자본의 논리를 완전히 부정하기보다는 예전에는 그 힘 하나로 뛰던 심장을, 즉 우심방만 뛰던 심장을 좌심방도 같이 뛰는 심장으로 만들었으면 합니다. 공존하고 협동하자는 좌심방의 박동으로 말입니다. 시민을 믿고 과감하게 의제를 기획하고, 우리가 함께 잘살기 위한 실천이라는 것을 설득시킨다면 생각보다 많은 것을 할 수 있고, 증세를 통한 변화도 가능합니다. 무엇보다 그렇게 할 때 기득권층도 제대로 압박을 느낄 것입니다. "가진 것 없는 우리도 내놓을 테니 너희도 내놓으라"는 말을 무시할 수 없을 테니까요. 그러면 지나치게 우심방만 키워온 우리 사회가 균형을 찾게 될 겁니다. 사실 우리 사회에서 부의 편중이 심한 것도 사실이지만 시민의 자산이 아주 없는 것은 아닙니다. 시민들이 가진 것부터 돌아보고 협동경제, 공유경제를 만들어가도록 노력해야 합니다. '헬조선'이라고 한탄하고 사회를 욕하면서 각자 사교육과 부동산 투자에 열 올리는 방식으로는 답이 나오기 어렵지요.

기본소득 논의에 대해서는 어떻게 보십니까?

그 질문을 많이 받는데, 결론부터 말하자면 동의하지는 않습니다. 기본소득은 복지 중에서도 가장 보편적인 복지인데, 논의가 이루어지는 지형이 서구 국가와 우리나라는 상당히 다릅니다. 이미 계층별로 여러 가지 복지가 있는 국가들에서 이를 통합해서 준다는 차원이지 추가로 현금을 준다는 차원이 아닙니다. 한국의 경우는 재원의 한계도 문제지만 논의의 출발점이 다르다는 것을 눈여겨봐야 합니다.

청년들, 예술가들, 일 안 하는 사람들, 농업인들도 사회적 시민으로 배당권이 있다는 말은 일리가 있지만, 이것이 기본소득의 원리에 꼭 부합하는 것은 아닙니다. 특정한 계층과 필요에 따라서 복지 지출을 하는 것이니까요. 청년에 대해서 청년수당을 주고, 노인에 대해서 기초노령연금을 주고, 농민을 준공무원으로 보고 수당을 주고, 예술가를 시장 잣대로 평가하면 안 되니까 수당을 주는 것만으로는 기본소득의 본래 취지에 이르지 못합니다. 기본소득은 노동시장의 중심에 있는 사람들, 예를 들어 여의도 금융회사에서 연봉 수억 원을 받는 사람에게도 똑같이 줘야 합니다. 즉, 기본소득은 근로 여부와 무관하게 사회가 지급하는 수당입니다. 노동하지 않아도 기본소득을 줘야 한다는 이야기는 노동을 통해 소득이 있어도 같은 금액을 지급해야 한다는 의미가 되니까요.

물론 우리나라에서도 처음에 무조건적인 기본소득 논의를 하던

데서 발전해서 단계적인 시도를 요구하는 쪽으로 가고 있는 것으로 아는데, 그렇게 청년, 노인, 예술가 등에게 30만~40만 원 정도의 수당을 주는 정도에서 머문다면, 정책적으로 볼 때 복지국가론과 어긋나지도 않습니다. 단지 '기본소득'이라는 단어가 시대적 에너지를 담고 있으니 주목받고 있는 것으로 보입니다. 그래서 기본소득을 주장하는 쪽과 만나서 얘기해보면 우선순위, 재원방안 등에서만 의견이 다를 뿐 프로그램 도입의 필요성에서는 서로 공감하게 되더군요.

책임지지 않는
'선출된 군주정'

박상훈
후마니타스 대표

더 정치적으로
더 정당 중심으로 가자

"

2000년에 '한국은 왜 민주화를 기점으로 지역이 중심이 되는 정치적 갈등의 구조를 갖게 되었나'를 주제로 고려대학교에서 정치학 박사학위를 받았다. 현재 도서출판 후마니타스의 대표이면서, 정치발전소 학교장을 맡고 있다. 한국 사회에 필요한 민주주의와 바람직한 정치 참여에 대한 글을 다양한 매체에 기고하고 있다. 《정치의 발견》《정당의 발견》《만들어진 현실》《치유의 인문학》 등의 책을 쓰고, 《미국 헌법과 민주주의》《니콜로 마키아벨리, 군주론》 등을 우리말로 옮겼다.

"정치를 시민의 것으로 가져와야 합니다.
그것이 지금 우리가 할 수 있는 최고의 민주화투쟁입니다.
그걸 놓치면 남는 건 불평등, 그리고 약자들에 대한 모멸뿐입니다."

"

박상훈 후마니타스 대표는 우리 사회에서 손꼽힐 만큼 민주주의, 그리고 정치에 대해서 많은 글을 쓰고 말해온 사람이다. 정치권이 생물처럼 움직이는 선거 국면, 정치 구호와 뉴스가 쏟아지는 때일수록 한 번은 의견을 듣고 싶은 사람이다.

박 대표를 만난 것은 2016년 2월, 20대 국회의원 선거를 앞둔 시점이었다. 이 인터뷰에서 박 대표가 한 이야기는 역시 처음부터 끝까지 일관되게 '정치'에 대한 것이었다. 그렇지만 지금 특정 정당이 어떻게 문제인지, 선거에서 누가 어떻게 해야 하는지와 같은 이야기는 전혀 없었다. 그러면서도 3시간이 넘도록 '정치' 이야기만 했다는 것이 신기할 정도다. 박 대표가 하고자 한 말의 초점이 사실 여기에 있다. '정치'란 흔히 생각하는 이런저런 전략만이 아니라는 것이다.

민주주의를 해도
달라진 게 없다는 실망

'시대정신을 묻는다' 인터뷰 시리즈의 공통 질문인, '지금 대한민국 현실에 진단을 내린다면 가장 큰 문제는 무엇인가?'에 대해 박 대표는 "사반세기가 넘도록 민주주의를 해왔는데도 우리 삶이 별로 좋아지지 않았다는 깊은 회의가 우리 사회를 덮고 있는 것"이라고 말했다. 그 이유는 "민주주의의 두 번째 단계에 이르지 못했기 때문"이다.

민주주의의 첫 단계가 통치자를 직접 뽑는 것이라고 할 때, 그것은 1987년 대통령 직선제 실시로 일단은 성취됐다. 두 번째 단계는 시민들의 다양한 요구가 좋은 대표를 통해서 공공정책에 반영되는 것, 그래서 시민의 삶이 나아지는 것이다.

"민주주의는 대표를 직접 뽑는 데서 그치는 것이 아니라 사회의 다양한 요구가 공공정책에 평등하게 영향을 미치도록 하는 제도입니다. 그러므로 시민의 다양한 선호와 요구가 잘 대의代議될 수 있도록 대표의 질을 높이고, 공공정책의 내용을 좋게 만들고, 공동체와 사회를 좀 더 사람 살 만한 곳으로 만드는 것이 민주주의의 두 번째 단계여야 합니다. 이를 위해서는 대표의 질을 높여야 합니다. 그러면 시민들의 참여가 더 많이 나타나고, 공동체의 질이 높아지게 됩니다."

즉, 민주주의는 '좋은 참여' '좋은 대표' '좋은 정책'의 순환구조로 이뤄지는데, 우리 사회에서는 이 선순환이 나타나지 않고 있다는 것이다. "1987년 이후 29년, 성년의 나이가 훨씬 지나도록 민주주의를 경험했는데도 이를 통해서 우리 삶이 별로 좋아지지 않았다는 깊은 회의가 지금 우리 사회를 덮고 있다"면서 "이 때문에 불만과 갈등, 냉소가 나타나고 있다"고 박 대표는 분석했다.

이는 다시 시민들이 정치에 참여하지 않는 현상을 강화시킨다. 투표율이 50% 넘을까 말까 한 상황에서 50% 득표를 겨우 넘겨 당선되는 일이 흔하다. 전체 유권자로 보면 겨우 25%만 지지한 것이다. 박 대표는 "이는 다수의 참여, 다수의 결정이라는 민주주의 원리에 심각하게 위배된다"고 했다.

또 다른 문제는 주로 가난한 사람들이 정치에서 배제된다는 것이다. "서울시만 봐도 잘사는 자치구 3개, 못사는 자치구 3개의 투표율을 비교하면 20%p 차이가 난다"면서 "가난한 사람들은 정치 참여의 효능을 못 느끼고, 정치인은 가난한 사람들을 찾아갈 필요를 못 느낀다"고 했다. 권위주의 정부 시절에도 선거 때면 정치인들이 산동네, 달동네를 방문했지만 이제는 그런 풍경을 볼 수 없다고도 했다.

약속 안 지켜도 속수무책
'선출된 군주정'

　　투표를 안 하는 게 시민들만의 문제는 아니다. 하려고 마음먹어도 누구를, 어느 정당을 찍어야 할지 기준을 정하기 어렵다. 박 대표는 그 이유를 "책임성의 고리가 없기 때문"이라고 했다. 선거 때는 한 표를 호소하던 정치인이 일단 당선되고 나면 공약을 지키지 않아도 책임을 물을 방법이 없다. 특히 대통령은 단임제로 끝나버리고, 대통령을 배출한 집권당과의 관계도 분명치 않은 경우가 많아서 실정이 있더라도 시민들로서는 어디에 책임을 물어야 할지 알 수 없게 된다. 박 대표는 이런 현상에 대해 "민주정이 아니라 '선출된 군주정'이라고 불러야 한다"고 일갈했다.

　　"선거를 통해 시민들에게서 권력을 위임받을 때 한 약속을 지키지 않는데도 시민이 무력한 상황, 이것이 우리 민주주의의 가장 큰 문제입니다. 집권 정부가 4~5년 동안 공공정책을 운영한 데 대해서 책임성을 물을 수 있어야 정상적인 민주주의라고 할 수 있는데 말이지요. 그러니까 시민들로서는 투표한 뒤에 늘 화만 나는 것입니다.

　　'선출된 군주정'이라는 비유가 센 것도 같지만, 이 말에 문제의식 자체를 못 느끼는 사람들도 적지 않다. 박 대표도 인터뷰 시작 전에 이미 이 점을 짚고 넘어갔다. 첫 질문에 답하기 전에 "우리의 공적 결정의 규범과 기초가 민주주의라고 가정한다면"이라고 전제한 것이다. 이런 말이 필요하다는 것은 아직 우리 사회에 민주주의에 대한 완전한 합의가 없다는 뜻이다. '경제성장을 위해서는 강력한 통치자가 있는 편이 낫다'는 식의 생각이 존재하는 것만 봐도 알 수 있다.

"사실 우리나라의 정책 결정 속도는 상당히 빠른 편입니다. 반면 민주주의는 그 과정에서 상당한 비용을 치르는 체제입니다. 정책을 과감하게 결정하고 집행하는 데는 단점이 있지요. 그렇지만 그 과정을 충분히 잘 거치면 집행 단계의 비용은 훨씬 적게 듭니다. 사회적 갈등이 줄기 때문입니다. 이 과정이 힘들다고 생략하면 정책은 계속 만들어지는데 집행 단계에서 돈도 다 새버리고 실효성도 사라지고 맙니다."

박 대표는 "의회에서 예산 심의하는 것을 옆에서 보면, 예산 중 적지 않은 부분이 허비되는 것이 보인다"고 전하면서 "예산 심의를 제대로 하려면 국회의원들끼리 할 게 아니라 그 영향을 받는 시민 집단들도 그 과정에 관여할 수 있어야 하는데, 그런 구조가 없다"고 지적했다. 이렇게 투표 말고는 시민 참여의 여지가 없고, 선출된 권력들이 공공정책과 자원을 좌우한다면 그 피해는 결국 시민에게로 돌아오게 된다.

박근혜 정부가 강하게 밀어붙인 '노동개혁'만 떠올려봐도 이해할 수 있는 설명이다. 이런 문제가 계속되면, 즉 정치와 민주주의가 좋아지지 않으면 5년 후 한국 사회는 어떻게 될까? '시대정신을 묻는다' 인터뷰의 이 두 번째 질문에 대해 박 대표는 "지금의 불평등·빈곤·사회적 해체 징후들이 지속된다"고 했다.

정치는 다른 영역과 달라서 사회 전체를 다루기 때문에 정치가 나빠지면, 경제도 문화도 개인의 삶도 다 영향을 받기 때문이다. 박 대표는 "심하게는 더 걷잡을 수 없이 나빠져서 동유럽과 남미 국가 들처럼 불법과 폭력이 난무하는 사회가 될 수도 있고 남부 유럽처럼 경제체제가 무너질 수도 있다"고 했다. "모든 가능성이 다 있다"는 것이다.

누가 정치혐오와 불신을 부추기나

다만 이 말은 긍정적인 의미이기도 하다.

"한국 정치는 최악부터 최선의 시나리오까지 모든 게 열려 있는 상태입니다. 정치가 좋아지기 시작하면 사회도 놀랄 만큼 좋아집니다. 경제 시스템도 좋아지고, 노동시장도 좋아지고, 시민들이 사회에 참여하고 적극적으로 기여하려고 하는 구조가 곧 만들어질 수 있습니다."

어찌 보면 이 인터뷰를 시작한 이래 가장 낙관적인 전망이다. 인터뷰 내내 온화한 말투로 여유롭게 말한 것도 이런 낙관 때문인 듯했다. 그는 "경각심을 갖는 건 좋지만 정치에 대한 냉소적인 태도,

"세상일이 보통은 우리 마음에 들지 않기 때문에 비관적
예측은 대부분 맞아요. 냉소하고 비판하는 태도는 사람들
앞에서 잘난 척하기에 좋지요. 그렇지만 그것이 사회가
좋아지는 데 기여하는 건 없어요. 백해무익한 정도가 아니라
유해합니다."

비판만 하는 태도는 아주 유해하다"고 했다.

"세상일이 보통은 우리 마음에 들지 않기 때문에 비관적 예측은 대부분 맞아요. 냉소하고 비판하는 태도는 사람들 앞에서 잘난 척하기에 좋지요. 그렇지만 그것이 사회가 좋아지는 데 기여하는 건 없어요. 백해무익한 정도가 아니라 유해합니다. 불평등한 기존 체제가 유지되도록 하는 부작용 때문입니다."

박 대표는 "정치혐오와 정치 불신은 자연스러운 면도 일부 있지만 사실은 누군가가 즐겨 동원하는 것"이라고 지적했다. 기득권세력이나 부유한 사람들은 약자들이 정치를 통해서 자신의 문제를 해결하고 개선을 기회를 갖지 못하게 하고, 그러면서 자신들은 보이지 않는 곳에서 정치의 수혜를 계속 유지하기 위해 과도한 정치 불신과 혐오를 의도적으로 동원한다는 것이다.

"그렇기 때문에 정치권의 행태를 개탄하고, '다 도둑놈들!'이라고 비판하는 것은 냉정하게 생각하면 우리 사회가 변하기를 바라지 않는 사람들의 전략에 놀아나는 것"이라고 박 대표는 강조했다.

"민주주의 사회에서 정치는 시민의 무기입니다. 물론 정치라는 방법을 가지고 개인의 태어난 조건, 신체조건, 학력을 바꿀 수는 없지요. 그렇지만 사회경제적인 여러 측면을 개선할 수 있는 기회는 있습니다. 그렇기 때문에 정치를 시민의 것으로 가져와야 합니다."

정당들이 색깔 분명하게
드러내서 경합해야

이 말에 고개를 끄덕인다 해도, 막상 어떻게 '정치를 시민의 것으로' 가져와야 할지는 간단치가 않다. 한국의 정치 현실을 보면 더 막연하다. 어디부터 관심을 가지고, 무엇을 요구해야 할까? 이 의문은 인터뷰의 세 번째 질문, '앞으로 5년 동안 우리는 무엇을 해야 하는가?'에 해당한다. 그 답은 앞서 박 대표가 말한 민주주의의 두 번째 단계에 이르는 방법, '대표의 질을 높여야 한다'와 다시 통한다. 이 말은 많은 부분에서 '정당정치가 제자리를 찾아야 한다'는 뜻이다.

박 대표는 "이번 총선에서부터라도 정당들은 자신들이 대표하는 게 진보인지 보수인지, 기득권인지 약자인지, 정확하게 드러내야 한다"고 했다. 한쪽으로 치우치지 않는 게 미덕이라고 하는, 그래서 '우클릭·좌클릭' 등의 표현도 반은 긍정적으로 쓰이는 우리 상황에서는 다소 낯설게 들리지만, 박 대표는 "정당들이 차이를 분명히 드러내서 경합해야만 사회가 좋아진다"고 했다.

정당들은 집권했을 때 사회 전체의 공적 자원을 어떻게 배분하고 조정해서 누구에게 좀 더 혜택이 돌아가게 할 것인지, 그래서 이 사회를 어떻게 달라지게 할 건지를 분명히 말해야 한다는 것이다. 그래야 사람들이 자신들이 원하는 바와 정당을 일치시킬 수 있기 때문이다. 특히 사회가 좋아지기 위해서는 야당의 역할이 중요하다고 했다. 우리나라에서 흔히 집권당 이외의 정당들을 야당(opposition party)이라고 부르기 때문에 이렇게 말했지만, 더 정확하게는 '대안 정부'(alternative government)가 잘해야 한다는 뜻이라고 박 대표는 설명했다.

지금 집권당은 아니지만 "사회가 좋아지기 위한 정책 대안을 지금부터 잘 마련해서 시민의 지지를 받은 다음에 정부를 구성하면 안정적으로 잘 공급하겠다"는 비전을 가진 정당들이 많아야 지금 정부도, 다음 정부도 좋아진다는 것이다. 그런 의미에서 정부는 '박근혜 정부' '이명박 정부' 식이 아니라 '새누리당 정부' 혹은 '더불어민주당 정부' '정의당 정부' 식으로 불러야 하며, 그래야 위에서 말한 '책임성의 고리'도 명확해진다고 부연했다. 선출된 대통령이 마치 '국가 그 자체'인 것처럼 행동하고 정당과 거리를 두면 그 운영 책임을 묻기가 애매해지기 때문이다. 즉, 정당이 정치와 권력의 중심, 주체로 좀 더 확실히 자리매김을 해야 한다는 것이다.

그러기 위해서는 '인물'보다는 '조직'에 주목해야 한다. 정당들이 경합을 할 때도 상대의 태도나 자세의 문제를 가지고 싸울 게 아니라, 바람직한 정부 운영 방안을 놓고 논쟁해야 한다.

정당들이 유권자들에게
투기행위를 강요하고 있다

　　정당의 중요성을 강조하는 것은 박 대표가 지금까지 해온 정치 관련 저술과 강연의 핵심이기도 하다. 그런데 정당이 중요하다면, '인물 중심' 정치를 해온 기존 정치인들은 대폭 '물갈이'되어야 하는 것일까? 공천 심사, 비례대표 영입 등 이슈가 쏟아지기 전에 이뤄진 인터뷰였지만 박 대표는 이와 연관된 이야기를 했다. "정당 내 의사결정권을 외부로 돌리고 새로운 사람들로 물갈이를 해야 한다고 생각하는 건 민주정치에 대한 완벽한 오해"라는 것이다.

　　"정당은 그 안에서 정책적 능력이 있는 사람, 대중적 호소에 능한 사람, 당내 관리를 잘하는 사람들을 각기 잘 키워가면서 조직적 경쟁력을 가져야 합니다. 그리고 유능하고 책임 있는 공직 후보자를 정당 내부로부터 내놓아야 합니다. 그러지 못하고 매번 밖에서 새로운 인물을 데려와서 찍도록 하는 것은 유권자보고 투기행위를 하라는 것이나 다름없습니다."

　　특히 유명인이나 사회적 성취를 이룬 인물을 영입하는 것은 좋지 않은 관행이라고 했다. 정치인들이 정당 내부에서 실력 쌓기를 기피하게 되기 때문이다. 박 대표는 "정부 예산 한 가지 제대로 이해하는 데도 1~2년의 시간으로는 부족하다"면서 "최소한 재선 이상 의원들이 있어야 수많은 이해당사자, 공무원들 사이에서 제 일을 할 수 있고, 그런 경험들이 바로 시민의 자산이다"라고 했다. 그리고 정당 내 중요 결정의 주체는 어디까지나 당원이어야 한다는 의견도 내놨다. 최근 일반 시민 대상 여론조사로 의사결정을 하는 일이 늘어나고, 이 방식이 더 공정한 것으로 여겨지기도 하는데, 박 대표는 "우리나라 대통령 잘 뽑자고 스웨덴 시민 데려와서 투표하게 하는 꼴"이라고 지적했다.

"정당의 당원들이 책임지는 구조로 하고, 그것만으로는 안 될 때 개방해야지 아니면 무책임만 남는다"는 것이 이유다. "사회가 어려운 때일수록 시민들이 더 적극적으로 정당에 가입해서 의사결정에 참여하고, 정당 행사에도 가보고, 지지하는 후보가 있으면 지역구에서 명함도 같이 돌려야 한다"고도 했다.

시민의 결사 참여, '집단이기주의' 비판 말자

'대표의 질을 높이는 방법'으로 박 대표가 강조한 두 번째는 바로 이처럼 시민들이 다양한 결사에 참여해야 한다는 것이었다.

"민주주의 사회에서는 시민의 이름이 여러 개여야 합니다. 진보 혹은 보수세력 지지자이기도 하고, 정당 당원이기도 하고, 지역단체 회원이기도 하고, 경영자면 경영자 집단, 노동자면 노동조합 구성원이기도 해야 합니다. 그렇게 다양한 결사체들이 시민 의사를 대표할 수 있어야 사회가 튼튼해지고, 삶의 수준도 높아지는 것입니다."

이를 위해서 필요한 것 하나가 '집단이기주의'라는 말을 되도록 쓰지 않는 것이다. 박 대표는 "어떤 결사체가 자기 집단의 이익을 위해 목소리를 내는 것은 지극히 당연한 일"이라고 했다. 각 집단들이 정치를 통해 자기 이익을 관철시키려면 사회적 공감대를 얻어내야 한다. 그렇기 때문에 그 주장이 어떻게 사회 전체의 공적 이익과 연결되는지를 설명할 수 있어야 한다. 재래시장 상인들이 "재래시장이 활성화되면 왜 지역사회 전체에 이득인지"를 설명할 수 있어야 대형마트 규제 등을 얻어낼 수 있는 것처럼 말이다.

'정치적'인 건 좋은 것이다

또 하나 필요한 것은, 바로 '정치적'이라는 말의 본래 의미를 되찾는 것이다. 앞에서 박 대표가 얘기한, "지지하는 후보가 있으면 같이 지역구에서 명함도 돌려주라"는 말이나 "각 집단들이 정치를 통해 이익을 관철하려면" 등의 말에 거부감을 갖는 사람도 적지 않을 것이다. 그런 일들에는 필연적으로 "정치적이네.""저 사람 야심 있나 보다." 같은 말들이 따라오기 때문이다. 이에 대해 박 대

"정치라는 말은 출발부터 좋은 의미입니다.
불공정한 것을 공정하게 바꾸고자 하는 공적 개입을
정치라고 부르는 것입니다. 시민들은 정치를 더 적극적으로
활용하기 위해 단체를 만들고 대표를 키워서 정치로
내보내야 합니다."

표는 "우리가 하는 싸움의 본질은 '정치적'이라는 말의 의미를 둘러싼 싸움"이라고 했다.

"정치라는 말은 출발부터 좋은 의미입니다. 불공정한 것을 공정하게 바꾸고자 하는 공적 개입을 '정치'라고 부르는 것입니다. 시민들은 정치를 더 적극적으로 활용하기 위해 단체를 만들고 대표를 키워서 정치로 내보내야 합니다. 그런데 '저 사람 정치적이야'라는 말로 차단하면, 원래 있던 정치인의 독무대만 강화될 뿐이고 정치를 통한 변화가 나타나지 않습니다."

박 대표는 대법관이나 공무원도 개인으로서는 정치적 입장을 가질 수 있다고 인정해야 한다거나, 시민단체도 정당과 같이 일하거나 스스로 정당 역할을 할 수 있다는 등 '정치적'이라는 말의 부정적 인식에서 벗어나야 이해할 수 있는 이야기들을 한참 더 이어갔다.

"그러니까 정치적인 건 괜찮은 거예요. 좋은 거예요!"

시종일관 차분하던 박 대표가 끝내 이렇게 외쳤을 때는 듣던 사람들에게서 웃음이 터지기도 했다. 당연한 것이 당연하지 않은 우리 사회의 아이러니 때문이다.

돌아보면 분명 낙관적인 전망이 많은 인터뷰였지만 상당한 무게감이 남는다. 숙제가 많았기 때문이다. 그래도 숙제가 주어진다는 데 안도감이 느껴지기도 한다. 아직 더 배워도 되고, 조금 시행착오를 겪더라도 기회가 주어진다는 뜻이기 때문이다. 열심히 숙제를 하다 보면 '놀라울 정도로 사회가 좋아지는' 경험을 할 수 있지 않을까 기대도 해보게 된다.

그럼에도 여전히 갸웃거릴 사람들을 위해 박 대표는 조금 더 구체적인 전망 하나를 마지막으로 전했다.

"어떤 일을 앞두고 전문가들이 지나치게 한목소리로 예측하는 건 거의 틀리게 돼 있어요. 어떻게든 낙관을 찾으려고 하면 불현듯 이뤄지는 게 바로 정치의 매력입니다!"

정치제도 측면에서 개선할 부분은 없을까요?

저는 제도에는 별 문제가 없다고 생각합니다. 개인적으로는 민주화 이후에 제도를 너무 많이 바꿔온 게 문제라고 생각하는 편입니다. 우리 정치를 나쁘게 만든 대표적인 원인 중 하나라고 봅니다. 제도를 통해 사회를 규율하는 것도 필요하긴 하지만, 너무 자주 바꾸면 제대로 실행하기도 어렵습니다. 만약 우리가 좋은 시스템, 제도를 가지고 사회를 잘 운영할 수 있다면 정치의 역할은 줄어들게 됩니다. 그게 불가능하기 때문에 정치는 좋은 정당과 정치인들의 실천적 영역으로 남아 있는 것입니다. 역사를 돌아봐도 정치의 매력은 결국 그 변화를 이끌어가는 사람과 세력의 힘이고, 사람들이 서로 소통하면서 집합적 예술을 보여줄 때 정치의 힘이 극대화됩니다. 따라서 정당과 정치인들이 좀 더 나은 운영능력을 보여주는 것이 제도를 바꾸는 것보다 더 중요합니다. 그 점을 더 깊이 생각하지 않고 제도나 체계 변화만 먼저 말하는 것은 자제하면 좋겠습니다.

시민의 정치참여가 확대되기 위해서 더 필요한 것은 무엇일까요?

정치학자들의 공통적인 의견은 우리나라 시민들이 다른 어느 나라 시민들보다도 정치적 감각도 있고 적극적이라는 것입니다. 진중하고 깊이가 있다고 말할 수는 없어도 똑똑한 것만은 분명합니다. 특히 잘잘못을 따지는 데는 굉장한 시민성이 있습니다. 정치발전이 안 된다고 할 때 시민 개개인의 역량문제는 아닌 것입니다.

문제는 그런 시민성을 잘 엮어서 공적인 영역에 잘 전달되도록 하는 체계에 있습니다. 대의제에서는 정당과 정치인들이 세비도 받고 활동비도 받으면서 이런 역할을 하도록 돼 있는데, 그 부분에 문제가 있습니다. 다시 말하면, 정당의 역할이 제대로 서기만 하면 우리나라 시민들은 정치발전에 기여할 충분한 준비가 돼 있습니다.

그렇다 해도 생업에 종사하는 보통의 시민들로서는 정당을 통해 정치에 참여한다는 것이 막연하게 느껴지기도 합니다.

우리 사회에 가장 부족한 것이 '결사'인데 시민과 정치의 거리가 떨어져 있는 데에는 그 탓이 큽니다. 현대 민주주의가 가져온, 이전에 없었던 가장 큰 변화는 집단을 허용한 것입니다. 예전 정치학 이론들은 집단을 분열적으로 부정했습니다. 지금은 어느 나라에나 헌법이 결사의 자유를 보장합니다. 그것이 현대 민주주의를 만든 혁명적 변화입니다. 체제가 너무 커져서 개인들이 감당하기 어려우니 이익이 있는 곳에 결사의 기반을 두고, 각자 이익도 키우되 동시에 사회에도 기여할 수 있도록 한 것입니다. 개인의 이익과 공적 이익이 만나는 것이 결사를 통해서 가능해집니다.

그런데 우리나라에서는 이 결사를 부정적으로 봅니다. 특히 가난한 사람들이 결사를 해서 뭘 하려고 하면 더 나쁘게 봅니다. 그때 언론 등이 즐겨 사용하는 말이 '집단이기주의'지요. 개인이 할 수 없는 일이라서 공동으로 하려는 것인데 이를 이기주의라고 말해버리면 기존에 힘 있는 사람만 전횡을 일삼는 사회가 됩니다. 결사들의 이익추구 행위가 사회를 배타적으로 분열시킬 때만 견제하면 될 일인데 말입니다.

따라서 정치의 선순환이 일어나려면 시민들이 참여할 수 있는 결사의 기반들이 좋아져야 합니다. 국가별로 민주주의를 비교할 때 결사체 기반이 어떤지를 중요하게 보는데, 가장 튼튼한 나라가 독일입니다. 독일 시민은 웬만하면 자신의 정치 성향과 맞는 정당의 당원이기도 하고, 노동조합 조합원이기도 하고, '우리 마을 환경 지킴이 모임'에도 나가고, 교통 자원봉사자로도 일하는 등 수많은 결사체에 참여합니다. 이런 활동들이 모두 공동체를 풍요롭게 하는 작용을 합니다. 이 같은 결사들이 제 기능을 잘하면 지방자치단체의 역할을 나눠

맡을 수도 있습니다. 반면 우리나라에 그나마 있는 결사는 고향, 학교 등 너무 좁은 이익으로 엮어서 사회를 분열시키는 기능을 합니다.

우리나라에서 결사에 대해 이처럼 부정적인 인식과 현상만 있는 이유는 무엇일까요?

결사는 공적인 대의, 공동체 전체를 이롭게 한다는 목적이 있을 때 더 풍성해지고 공고해집니다. 약자들이 결사를 만들 때는 그 자체로도 긍정적인 역할을 하긴 하지만, 반드시 배타적인 이익만 추구할 필요는 없습니다. 그런데 어떤 결사가 나타났다고 하면, 우리는 그들이 배타적으로 어떤 이익을 추구하는지만 봅니다. 그 결사의 활동이 궁극적으로 공동체 전체를 이롭게 하는 것과 어떻게 연결되는지를 보려고 하지 않습니다. 그러니까 부정적으로 보는 것입니다. 그렇게 배타적 이익을 추구하는 단체들이 힘 대결로 살아남아야 한다면 강자들의 결사만 남게 됩니다. 그러면 어떻게 될까요? 강자들의 결사들 역시 힘들어집니다. 의사협회라고 할 때 만일 배타적인 이익 추구에만 골몰한다면 경합적인 구도에 있는 약사협회나 외국 의료기관 등과의 갈등만 커집니다. 반대로 의사협회가 사회 전체를 위한 공익적 활동을 한다면 사회로부터 받는 신뢰도 커지고, 협회에 참여하는 의사들도 존경을 받으니 즐거울 것입니다. 의료와 관련된 사회 갈등이 커졌을 때 이를 중재하는 역할도 할 수 있습니다. 그렇기 때문에 약자들의 결사를 허용하는 것은 진보적인 가치 때문만이 아니라,

강자들의 인생도 더 풍요롭고 즐겁게 하기 위해서입니다. 이를 위해서 가장 먼저 없어져야 할 것이 '집단 이기주의'라는 말이고, 언론의 역할이 중요합니다. 약자들이 연대할 때 비록 그들은 당장은 배타적인 이익만 추구하고 있더라도 언론에서는 그 결사가 우리 사회 공익에 어떤 기여를 할 수 있을지를 포착해서 알려줘야 합니다.

그렇게 공익에도 기여하는 약자들의 결사 행위에 어떤 것이 있을까요?

대표적인 것이 재래시장 상인들이 대형마트 규제를 이끌어낸 일이었습니다. 재래시장 상인들이 결사를 이루기 전에는 각자 자기 가게 잘되는 것만 신경 쓰고, 동종업종 라이벌과 신경전만 벌였을 것입니다. 그런데 어느 날 자영업자 결사를 만들고 나니까 놀랄 만큼 똑똑해지더군요. 재래시장 살리는 게 어떻게 우리 사회 전체 공익에 기여하는지를 설명하는 능력이 생겨나는 것을 목격했습니다. 그게 민주주의의 매력이고 힘입니다. 우리 결사의 요구가 공익에 기여하는 것을 증명해야 결사의 기반이 커지는 것을 알기 때문에 자연히 그렇게 발전해가는 것입니다. 만일 그렇게 하지 않고 대형 자본과의 대결 구도에서 힘겨루기만 했다면 그처럼 정책적 변화를 이끌어내지는 못했을 것입니다.

그러니까 제발 약자의 결사를 두려워하지 말았으면 합니다. 결사의 힘이 현대 민주주의의 힘입니다. 이 점을 수용해서 결사들이 공익적 역할을 하며 사회를 풍요롭게 하도록 해야 합니다. 스웨덴의 노동조합은 실업보험을 관리하는데 그 돈을 허투루 썼다거나 무책임하게 관리했다는 말을 들어본 적이 없습니다. 공적인 역할을 하게 되면 책임감이 커지기 때문에 관리하는 돈이 갑자기 커졌다고 유용하지 않습니다. 결사의 수준이 높아지면 책임성이 늘지 배타성이 늘지 않습니다. 그러니 결사가 다양해지고 튼튼해지도록 해야 합니다.

기억해야 할 것은, 결사는 1차적으로는 특정 이익을 대변한다는 것입니다. 우리 시민단체들 중 일부는 그 점에서 결사라고 부르기 어려운 측면이 있습니다. '바르게살기 운동본부'처럼 포괄적으로 시민운동을 한다는 것은 누구의 입장도 대표하지 않는 셈입니다. 특정 이익을 분명하게 대변하는 결사체들이 많아질 때 사회가, 민주주의가 좋아진다는 것을 우리도 받아들일 때가 됐습니다.

한국 사람들, 특히 수도권 등 도시에 사는 시민들은 전통적 결사에 참여하기 어려운 측면이 있습니다. 직장을 자주 옮기고, 지역을 옮겨가면서 사니까요. 이렇게 결사에 참여하기 어려운 사람들은 어떻게 대의되어야 할까요?

그런 사람들을 어떻게 대표해야 하는가의 고민보다는, 어떻게 하면 정주성 있는 삶을 살 것인가에 대한 고민이 먼저여야 합니다. 정주성이 없고, 지역적 공동체에 기반을 두지 않으면 인간의 삶은 행복할 수 없습니다. 민주주의의 문제를 차치하고 보더라도 사람이 이렇게 이사를 다니고, 지역적 뿌리 없이 살아서는 안 되는 것입니다. 민주주의는 마을에서 시작됐습니다. '데모크라시democracy'에서 '데모demo'는 간단히 말하면 마을공동체입니다. '데메'라고 불리는 140개 마을공동체에서 대표를 평등하게 뽑은 것이 데모크라시입니다. 현대인들은 기술의 발달로 지역 기반 없이도 살 수 있다고 착각하고는 합니다. 인터넷 쓰고 팟캐스트 하면서 마치 공동체가 확대된 것처럼 생각하지만 실제로 그렇지는 않습니다.

예전에 텔레비전이 처음 나왔을 때 일부 사람들은 '이제 우리는 굳이 모일 필요가 없고, 소파에서 감자칩 먹으면서 리모컨으로 투표할 수 있다'고 생각했고, 이 비전은 '푸시 버튼 데모크라시'라고 불렸습니다. 만일 이것이 민주주의라면 너무 참혹합니다. 소파에 앉아 있을 게 아니라 문을 열고 나가야 합니다. 나가면 작은 마을이 있고, 거기에서 마을 사람들이 머리를 맞대고 공적 결정을 해야 합니다. 직접 결정하기에는 공적 결정의 범위가 너무 크고 복잡할 때 나를 대신해줄 정책 전문가를 키우고, 그들이 모여서 정당을 이루고, 나는 정당에 당비를 내면서 참여하고… 이런 일련의 과정들이 연쇄적으로 일어나는 것이 민주주의입니다. 그런 협력의 경험 없이 정치에 참여하면 비판만 하는 사람이 됩니다. 민주주의의 이상은 시민이 정치에 참여하면서 자신의 삶의 수준이 높아지는 것을 기대하는 것입니다. 공동체의 일원이 살고, 공동체 결정에 참여하면서 나의 기준과 가치가 풍요로워지기를 바라는 것입니다.

IT기술 발전에 따라 직접민주주의가 강화될 것이라는 기대는 지금도 있는데, 그 방향도 바람직하지 않다고 보시나요?

저는 그렇습니다. 직접민주주의가 진정한 민주주의라고 보는 것은 민주주의에 대한 오해입니다. 대의제 민주주의에 대해 편견을 가질 필요가 없습니다. 대의제 민주주의는 오히려 시민 참여의 질을 높일 수 있습니다. '대신한다'는 게 절대로 나쁜 것이 아닙니다. 우리가 치과 치료를 제대로 받기 위해 반드시 치대에 직접 가서 커리큘럼을 확인하고 그 지식에 의거해서 치과 의사를 선택할 필요는 없습니다. 몇 사람의 판단과 의견을 모아본 뒤에 이 치과 괜찮다고 판단할 수 있는 것입니다. 아테네 직접민주주의에서도 대표의 역할이 없지 않았습니다. 다만 3만5000명 시민 중에서 대표 500명을 뽑았으니까 참여의 기회가 넓었다는 것이지, 시민 개개인이 직접 정치를 했다는 뜻이 아닙니다. 그러므로 민주주의는 대표의 질을 높이고, 제 역할을 하게 만드는 게 절반 이상입니다. 아무리 그렇게 한다 해도 정치권력을 사익을 위해 쓰는 사람이 있으니까, 그 견제를 효과적으로 하기 위해서 인터넷 등의 IT 기술을 잘 쓰는 방향으로 고민했으면 합니다.

정당의 역사가 나름대로 이어지고 있는데 대표의 질이 더 떨어지는 것처럼 보이는 것은 왜일까요?

2년 전쯤 김부겸 의원과 이 문제를 이야기한 적이 있습니다. 예전에 비해 왜 정당의 정책 실력이 더 떨어지는지 묻자 김 의원은 "김대중 대통령이 리더, 즉 야당 총재일 때 국회 상임위원회 활동을 강조했는데 지금은 그런 문화가 없다"고 했습니다. 당시에는 제1, 제2 정책조정 단위로 정당 소속 의원들의 상임위 활동을 점검하고 지시했다는 것입니다. 상임위 활동을 잘 못하는 사람에게는 공천을 주지 않았고, 복도에서 의원들을 만나면 "김 의원, 지난 상임위에서 잘했다, 큰 기여 했다"는 식으로 칭찬해서 의원들로서는 상임위 활동을 최우선으로 열심히 할 수밖에 없었다는 것입니다.

물론 리더 한 명이 이끄는 시스템이었다는 것이 한계이긴 하지만, 그렇게 정당에서 상임위 활동을 챙기는 조직적인 분위기가 있었다는 것은 큰 의미가 있습니다. 지금은 아침에 상임위 시작하면 방송 카메라 앞에서 5분씩 발언한 뒤 지역구 모임, 행사 등 핑계를 대고 다 빠져나갑니다. 그러니 상임위가 제 역할을 못 하는 것이죠. 공적 자원이 제대로 쓰이고 배분되지 못하는 것입니다. 정당은 시민으로부터 일정한 권력을 위임받았기 때문에 그 에너지를 잘 쓰도록 조직을 통제해야 합니다. 그러지 않고 개별 의원들이 자유롭게 하도록 둔다면 정당이 있을 필요가 없습니다. 정당들은 이제부터라도 시민의 에너지가 낭비되지 않도록, 정당의 조직적 자원을 효과적으로 잘 쓸 수 있도록 노력해야 합니다.

해방적
파국 통해
다시 태어나야

조한혜정
연세대 명예교수

**성장하는 시대는
끝났다**

"

문화인류학자, 연세대학교 명예교수이며 '또 하나의 문화' 동인, '하자센터' 설립자이다. 서울시 마을공동체위원회 위원장, 환경운동연합 공동대표를 역임했다. 연세대학교에서 사학 학사, 미국 UCLA에서 인류학 박사학위를 받았으며, 여성문화와 청소년문화에 대한 실천적 담론을 생산해온 대표적 학자로 활동해왔다. 《노오력의 배신: 청년을 거부하는 국가, 사회를 거부하는 청년》(공저) 《자공공: 우정과 환대의 마을살이》 《교실이 돌아왔다》(공저) 《가족에서 학교로 학교에서 마을로》 《학교를 찾는 아이 아이를 찾는 사회》 등의 책을 썼다.

"근대문명이 끝났다는 것이다."

99

요즘 한국 사람들이 유달리 괴롭다고 하는 이유는 무엇일까? 우리가 직면한 진짜 문제는 무엇일까? 이 질문에 조한혜정 연세대 명예교수는 위와 같이 답했다.

지금까지 나온 진단 중 가장 거대했다. 그런데 조한 교수는 인터뷰 중 "내가 하는 말들이 너무 작은 (영역의) 이야기라는 지적을 종종 받는다"면서 "절대 작은 이야기가 아닌데….".라고 했다. 이 거대한 분석과 그 작아 보이지만 작지 않은 이야기는 어떻게 이어지는 것일까?

인터뷰를 위해 만난 자리에서 조한혜정 교수는 "요즘 사람들이 다 화가 나 있다"는 말부터 꺼냈다. 초등학생들까지도 화가 나 있어서 교사도 "학생 만나기 겁이 난다." 하더라고 했다.

"저도 그래요. 전에 없이 문득 '왜 사나?' 싶을 때도 있어요. 이게 무슨 감정인가 생각해보면, 더 이상 좋아질 게 없다는 깨달음 때문에 오는 것이더라고요."

그 이유는 위에 말한 대로 "근대문명이 수명을 다했기 때문"이다. 크게 볼 때 문명이 쇠퇴하고 있다는 것이다. 조한 교수는 "근대적 인간은 계속 세상이 좋아진다는, 이른바 진보를 믿어왔다"면서 "그런데 이제는 좋아질 게 없고 나빠지기만 한다는 것, 운명을 개척하는 게 아니라 그냥 생존하다 죽는 존재일 뿐임을 받아들여야 하는데 그것이 쉽지 않은 것"이라고 했다.

'삼풍백화점' 당시와
'세월호' 이후의 차이는?

문명 쇠퇴는 전 지구적 현상이지만 한국 사회만 놓고 본다면 이런 설명이 가능하다.

"한국은 '기적처럼 근대화를 해낸 나라'였죠. 식민지와 전쟁의 폐허를 딛고 일으킨 경제성장의 기적, 상상도 못 했던 1980년대 민주화의 기적, '산업화는 뒤졌지만 정보화는 앞서자'며 전국에 초고속 인터넷망 깔고 OECD에 가입할 때만 해도 곧 선진국이 될 것 같았어요. IMF 사태를 맞아 휘청거리다가도 회복하는 듯했어요. 그렇지만 이제 돌아보니 2차 근대, 곧 '위험사회'로 깊숙이 빠져 들어가고 있던 거예요."

독일 사회학자 울리히 벡이 처음 말한 '위험사회'는 근대 산업사회가 구조적으로 접어들 수밖에 없는 파괴의 단계를 일컫는다. 경제성장 중심의 시기를 지나서 '위험'이 계속 생겨나고, 더 이상 성장으로 위험을 가릴 수 없는 시기다.

"삼풍백화점 사고가 났을 때만 해도 사람들은 세상이 좋아질 수 있다고 생각하니까 넘어갔다"면서 조한 교수는 "세월호 사건을 계기로 많은 국민들이 '세상이 좋아지지 않을 것이며, 이런 사고가 계속 날 것'임을 아주 분명하게 알아차리게 되었고, 그래서 패닉에 빠진 것"이라고 했다.

조한 교수에 따르면 근대문명의 발본지인 유럽은 19세기에 위험사회에 접어들었다. 그 결과로 1·2차 세계대전이라는 끔찍한 경험을 하고, 이를 통해 역시 울리히 벡이 주장한 '해방적 파국'(Emancipatory Catastrophism)의 시점을 맞았다. 해방적 파국이란 극단적 상황에서 도리어 좋은 길을 찾아내는 것을 뜻한다.

"전쟁을 통해 유럽에서는 '돈이 전부가 아니다' '가족도 전부가 아니다' '국가도 괴물이 될 수 있다'는 자각이 생겼어요. 그 계기로 복지국가와 유럽식 사회민주주의가 출현했죠. 국가와 시민사회가 함께 국민을 돌보는 시스템을 만들기로 한 거예요. '더 이상 제국주의를 하면 안 된다'는 자각도 분명히 생겼어요. 문제는 성찰을 시작한 유럽이 아니라 확장의 욕구로 가득 찬 미국과 소련이 세계의 패권을 잡은 것입

"IMF 사태를 맞아 휘청거리다가도 회복하는 듯했어요.
그렇지만 이제 돌아보니 2차 근대, 곧 '위험사회'로 깊숙이
빠져 들어가고 있던 거예요."

니다. 그 냉전 소용돌이 속에서 분단국가가 된 게 우리의 불행이죠."

그런 상태에서 근대국가로 태어난 한국은 중요한 한 가지가 부재한 채로 지금까지 이어졌다. 바로 '구성원들이 의논하면서 사회가 나아갈 방향을 정하고 문제를 해결하는 체제'다. 조한 교수는 1950년대 미국 영화 〈12명의 성난 사람들〉의 예를 들었다. 살인 혐의를 받는 한 소년에 대해서 11명의 배심원이 유죄를 인정하는 가운데 단 한 명의 배심원이 제기한 반론으로 토론이 거듭되고, 그 결과 무죄로 의견이 모인다는 내용이다. 조한 교수는 "인간 사회의 힘은 바로 그 소통의 능력, 합의에 이르고자 하는 의지에 있다"고 했다.

"독일은 메르켈 총리가 원래 핵발전소를 더 짓자는 입장이었는데도 탈핵으로 국가의 방향을 잡았어요. 후쿠시마 사태 이후 환경운동가들의 반대 목소리가 높아졌고 마침내 대국민적 논의의 장이 열리면서 탈핵으로 합의를 보게 됐기 때문입니다. 이렇게 소통과 합의에 대한 신뢰가 있어야 좋은 사회라 할 수 있죠. 한국은 그런 가능성이 거의 봉쇄된 채 시작된 나라입니다."

언제 죽어도
아무렇지 않은 존재들

그러다 보니 다른 한편으로 지나치게 강조된 것이 '기회

균등'의 원칙이다. 지금 한국 사회가 '헬조선'으로 불리고 '수저계급론'이 분노를 일으키는 것도 그 원칙이 훼손된 탓이라는 의견이 많은데, 조한 교수는 "기회 균등만 지켜진다고 좋은 사회가 되는 게 아니다"라고 지적했다.

"드라마 〈응답하라 1988〉에 대한 한 신문 칼럼에서 '그 시대 학교에서 교사에 의한 폭력이 엄청 심했는데 항의한 부모가 한 명도 없었다'고 했더라고요. 입시에 조금만 손해가 나도 부모들이 나와서 시위하지만, 진짜로 부모가 해야 할 말은 함구한 거죠. 입시를 통해 자녀를 성공시키려고 결탁한 셈이에요."

한국 근대화 초기의 동력은 가족 중 한 명을 성공시키는 데 공모한 다음에 그 열매를 나눠 먹는 가족주의적 신분이동 문화에서 나왔다. 그리고 그 묘한 집단주의가 우리 일상 문화가 됐다. 그렇게 공모하고 결탁해서 끌어주고, 권력자의 비리도 밑에서 받쳐주는 것이 일상화됐기 때문에 '시민적 공공성'이 설 자리가 없었다.

경제 침체와 청년 실업, 양극화가 심각해진 지금은 더 이상 그런 시스템도 가능하지 않다. 조한 교수는 "자라는 아이들에게 '너는 직장이 없으면 사람이 아니야, 소비를 못 하면 사람이 아니야'라는 메시지를 주입해놓고는, 이들을 직장도 없고 (따라서) 소비력도 갖지 못하는 사회에 떨궈놓은 셈"이라고 했다. 이탈리아 철학자 조르조 아감벤이 말한 '호모 사케르'(헐벗은 삶), 즉 언제 죽어도 아무렇지 않은 존재들이 됐다는 것이다.

이런 설명이라면 "근대문명이 끝났다"는 진단도 납득이 가지만 그렇다고 정말 '끝'이라는, 부정적인 입장인 것은 아니다. "총체적 파국이지만, 그렇기 때문에 해방적 파국을 맞을 가능성도 크다"는 오히려 낙관적인 입장이다.

'먹고살기' 걱정 안 했던
1990년대 청년들

다만, 조한 교수는 "제도를 바꾸는 것으로는 '해방적 파국'이라 할 수 없다"고 단언했다. 선진국도 망하고 있기 때문에 거기서 제도를 배워와봐야 소용없다는 것이다. 조한 교수는 "한국이 어느 나라보다 먼저 위험을 맞았으므로, 길도 앞장서서 찾아야 하는 상황"이고, 그래서 이제부터라도 "제대로 의논을 시작해야 한다"고 말했다. 공공의 가치를 중심으로 의견을 모을 수 있는 시민적 질서를 만들어내야 한다는 것이다. 조한 교수는 "세월호 사건을 겪으면서 우리 사회에도 적게나마 그런 흐름이 생겼다"고 했다.

아쉬운 것은 1990년대에 상당히 의미 있는 변화의 조짐이 있었는데 그것이 이어지지 못한 것이다. 조한 교수는 1990년대 초중반 대학을 다녔거나 그 또래인 청년들, 일명 '서태지 세대'에게 기대를 걸었었다.

"그때 청년들은 대부분 영화판 같은, 고생스러워도 즐거운 곳에서 일하고 싶어 했어요. 선배 세대의 경직성을 멋없다고 생각하고, 배낭여행 다니면서 온갖 경험을 한 뒤에 창의적인 일에 뛰어들겠다고 했죠. '먹고살기'는 별로 걱정하지 않았어요. 그러다 IMF 때 된통 당하고 진짜로 '먹고살기' 어려워지니까 위축됐지요. 그 아래 세대들은 아예 '부모 말 잘 듣기로' 하면서 기존 체제와 타협하지 않을 수 없었고요."

IMF 사태로 고통 받는 부모를 보며 자란 세대는 착하고 부지런하지만 국가나 공동체, 공공성에 대한 감수성은 적은 편이다. 노동절에 시청 앞 집회에 참가하는 과제를 내줬더니 "시위대 때문에 지나가는 차가 너무 천천히 가야 해서 미안했다. 다시는 시위에 참여하지 않겠다"는 소감을 내는 식이다. 조한 교수는 "학교와 사교육 시장 사이만 오가다 보니 사회적 감각이 성숙되지 못한 영향"이라고 했다. 그리고 조한 교수는 "1인당 GDP가 5000~1만 달러쯤 됐을 때 식민지적 '성장'을 벗어나 사회의 방향과 내부 시스템을 정비했어야 하는데 못 했고, 1990년대 청년들이 그 위아래 세대와 갈등하고 논의하는 체제를 만들 수도 있었을 텐데 IMF 사태 때문에 안 됐다"고 아쉬워했다.

왜 끝없이 성장하고
지구를 탈출해야 할까?

여전히 '성장'은 필요하다는 인식도 만만찮다. 그러나 조한 교수는 "성장이 계속 가능하지 않다는 것은 '우주산업'에 돈 쓰는 것만 봐도 알 수 있다"고 했다. 영화 〈인터스텔라〉 등을 통해서도 익숙한 '인류는 언젠가 지구를 탈출할 것'이라는 소망은 끝없이 확장하고 팽창해야 한다는 강박에서 나왔다는 것이다. "그런 도전을 훌륭하다고 여기는 것은 인류가 도구를 발명하고 성취하면서 발전해 왔다는 믿음, 그렇기 때문에 인류는 신의 영역을 넘어서 모든 것을 할 수 있다는 믿음에서 나온 것"이라면서 조한 교수는 문화인류학자로서 다른 견해를 밝혔다.

"인류 초기 진화를 불과 같은 '도구' 사용으로 설명하는 것은 남성 중심적 관점이에요. 인류가 협동을 하는 지혜로운 존재가 된 것은 힘을 모아 아기를 키워야 했기 때문입니다. 적어도 3년은 힘을 모아야 하니까, 엄마를 중심으로 불가에 모여 앉아 의논하면서 살게 된 것이죠. 그렇게 협력하고 소통하고 한 장소에 정을 붙여 살게 되면서 '사회'가 형성된 겁니다. 그러다 농업혁명 이후에 집단 수확이 이뤄지면서 점점 남성 중심적 문명으로 가게 된 거죠."

그 후에도 마을과 사회에 '돌봄의 영역'은 존재했다. 태어나는 아이를 마을 사람 모두가 축복하고, 자연을 거스르지 않으면서 균형을 이뤄 사는 문명이 이어져왔다. 그러다 근대 자본주의 문명을 맞으면서 경쟁과 축적의 영역이 확장되고 돌봄과 소통 영역은 축소돼 버렸다.

사회가 더 합리적으로 변한 것 같지만 그 때문에 더 절망적인 일들이 생긴다. 조한 교수는 "조선시대만 해도 '천벌'의 개념이 있었다"고 환기시키면서 "그때는 남에게 원한을 산 사람은 자기가 괴로워서 시름시름 앓다 죽었고, 그래서 '진실은 언젠가 드러난다'는 원리가 작동했는데 이제는 그렇지 않다"고 했다.

천안함·세월호 사건만 봐도 그렇다. 수년째 공방을 해도 진실이 뭔지 알 수 없다. 억울한 일을 밝혀달라면서 사람이 죽어도, 죽은 사람이 거짓말을 한 것으로 끝내 결론이 난다. 이런 일들을 겪으면서 개인들은 극심한 스트레스를 받지만 원인이 무엇인지 정확하게 인지하지도 못한다.

"본래 인간은 자궁에 있다가, 환대해주는 가족과 마을이라는 '사회적 자궁'으로 나오는 존재였는데, 이제 그 자궁이 사라진 거예요. 홀로 외롭게 사투를 벌이고, 끊임없이 팽창하고 탈출해야 하는 존재여야 하기 때문에 이렇게 살기가 힘든 것입니다. 근대문명의 끝에 다다른 지금도 말입니다."

마을에서 잘 먹고 잘 사는 게
막강한 힘

　　다시 이야기는 "이제라도 의논을 시작해야 한다"는 데로 돌아왔다. 달리 말해서 인간은 함께 의논할 수 있는 사람들과 그 속에서 살아야 하는 것이고 이를 위해서 작은 사회적 자궁들, 마을들이 다시 만들어져야 한다는 것이다.

　　조한 교수는 하자센터에 있는 '난감모임'을 소개하면서, "문제에 직면했을 때 일단 머리를 긁적이고, '정말 난감하다'고 말할 수 있어야 한다"고 했다. 잠시나마 마음을 추스르고 상황인식을 분명히 할 수 있는 시간과 공간이 있어야지, 바로 제도와 해법을 찾아봐야 실패한다는 것이다. 막연한 이야기 같지만, 조한 교수가 그동안 보여준 대안들을 보면 꼭 그렇지도 않다. 그는 1980년대 '또 하나의 문화'를 통해 다양성과 공존을 말했고, 1990년대 말에 탈학교 청소년들이 하고 싶은 일을 찾도록 하자센터를 만들었다. 돌봄과 마을공동체가 왜 중요한지를 계속 강조하다 서울시 마을공동체위원회 초대위원장으로 일했고, 사회적 경제와 살림살이 경제를 말해왔다. 최근 이슈가 된 청년수당, 혹은 청년배당 제도를 예로 들면서 조한 교수는 "이런 것을 시행하려고 할 때도 여럿이 앉아 의논부터 했으면 어떨까"라고 했다.

　　"청년들에게 시대에 맞지 않는 교육을 시키고 '무업無業사회'에 내던진 데 대해 국가와 부모는 책임을 져야 해요. 배상 차원에서라도 청년들에게 한 1년 정도 자유로운 경험을 하고 자기들끼리 작당해 볼 기회를 줬으면 좋겠어요. 그러려면 다른 세대의 합의를 얻어야 하겠죠. 그렇기 때문에 서로가 어떤 상태인지 말하고 이해하고 인정할 것은 인정하고 고마워해야 할 것은 고마워하는 과정을 가질 필요가 있습니다."

얼핏 들으면 청년도, 중장년층도 펄쩍 뛸 이야기다. 청년세대는 기성세대가 성장의 과실은 모두 차지한 채 비정규직만 가득한 사회를 물려줬다는 분노를 품고 있고, 기성세대는 그들대로 노년에 빈곤에 직면할까 불안한 가운데 정책의 초점이 청년층에만 맞춰진 것을 불만스러워하고 있기 때문이다. 양쪽 다 서로에게 고마워할 생각은 없어 보인다.

조한 교수는 "임금노동, 경제활동 같은 단면으로만 사회를 보니 그렇다"고 했다. 그와 다른 범주에서 있었던 활동들이 실은 우리에게 더 중요할 수 있다는 것이다.

"지금 우리가 사회를 이만큼이나마 만든 건, 실은 우리가 '잉여짓'이라고 부르는 활동이에요. 엄마들이 아이들 젖 먹이고, 50년 동안이나 밥을 해온 것, 그 일들 없이 우리 사회가 지속됐을까요? 눈이 쌓일 때마다 골목에서 비질을 하는 할아버지들을 눈여겨본 적이 있나요? 1990년대 청년들이 대중문화를 즐기면서 벌인 이런저런 '잉여짓'이 없었다면 한류가 나타났을까요? 그런 것들을 고마워해야 하는 건데 서로 싸울 핑계만 찾고 있지요."

어떤 정책적 시도가 일어나려면 이렇게 설득의 시간이 먼저 있어야 한다는 설명이다. "우리가 이 정도로 세금 내서는 당신 아이들이 중산층으로 살 수 없다, 손자들도 살 수 없다"는 것을 설득해낼 수 없다면, 그저 힘으로 밀어붙이려고 한다면 청년수당이건 기본소득이건 결국 제대로 할 수 없을 것이라고 조한 교수는 말했다. 그러면서 무엇보다도 지금은 '국가 차원'에서 정책을 놓고 의논한다는 것이 거의 무의미한 상태라고 덧붙였다. 앞선 인터뷰에서 장덕진 서울대 교수가 국가권력을 잡은 이들을 "5년짜리 유랑 도적단"이라고 표현한 것에 동의하면서 "그래서 국가와 시장 단위가 아니라 먼저 지역과 마을 단위로 생각하고 일해야 한다"고 주장했다.

"어떠어떠한 게 문제라고 권력자가 백날 얘기해봐야 뭐가 달라지겠습니까? 정치권력에 대해 말하지 말라는 게 아니라, 시민이 지혜로워져야 한다는 거예요. 저쪽이 얼마나 우둔하고 약한지 알아내려면 나부터 잘 살아야 해요. 마을에서 여럿이 함께 밥 먹고 아이들도 같이 키우고, 오순도순 살고, 동네 식당도 차려보고, 사회적 기업 · 마을기업도 하면서 잘 살아보자는 것이지요."

앞에서 1990년대 청년세대가 수그러든 것이 아쉽다고 했지만, 조한 교수는 "그래도 계속 목소리를 내는 청년들은 있다"면서 신통해했다. 적은 돈을 가지고도 협력해서 더 알차게, 재미있게 사는 청년들이 많이 생겨나고 있다는 것이다.

카페오공의 쉐어하우스 '우동사', 용산의 '빈집'과 '빈고', 제주도의 '재주도 좋아' 등을 예로 들었다. 특히 월 70만 원으로 살기를 실험 중인 '우동사'에 대해 조한 교수는 "기본소득 제도를 미리 실천해 보고 있는 셈"이라고 전했다.

"월 70만 원만 있으면 굶어죽지 않는다고 하면 두려울 게 없어집니다. 재벌가 자녀 중에서도 가족과 떨어져 지내고 싶은데 자립할 방법을 모르는 청년이 있을 거예요. 그렇게 계속 살면 재벌 집도 지옥이죠. 그렇지만 어디든 가서 살면 살아지고, 새로운 관계가 만들어진다고 하면 숨을 쉴 수 있잖아요. 그런 모델이 많아지면 국가도 자본도 두렵지 않은 막강한 힘을 시민이 갖게 되는 겁니다."

'선망국'으로서
인류에 해법을 제시하자

"도구 합리성에 길들여진 사람은 내 이야기를 잘 못 알아듣는다" "왜 그렇게 '작은' 이야기만 하느냐고 한다"는 말이 나온 것이 이 대목이었다. 인류 초기 진화부터 거의 전 시대를 아우른 그 진단과 문제의식에 고개를 끄덕였다면 마을과 쉐어하우스, 월 70만 원의 삶이 '작은' 이야기가 아닌 것도 알 수 있다.

더 나아가서 청년들이 동아시아의 청년들과 연대하고, 국가도 가

"한국은 이미 굉장히 앞서가는 선망국이죠. 이 선망국에서
청년문제, 세대문제와 같은 사회문제를 푸는 해법을
나름대로 찾는다면 인류에 희망을 제시하는 것 아닐까요?"

족도 떠나서 살아볼 수 있다면, 그래서 '코스모폴리탄 시티즌'이 될 수 있다면 한국만이 아니라 지구상의 많은 문제들을 해결할 수 있을 것이라고 조한 교수는 말했다. 그런 의미에서 다른 세대도, 여성들도 더 많이 목소리를 내고 대안을 찾아야 한다는 의견이다.

"어차피 선진국 개념도 의미가 없어지는데 언제까지나 선진국 뒤만 쫓을 게 아니라, '선망국先亡國' 개념으로 바꿔서 생각합시다. 한국은 이미 굉장히 앞서가는 선망국이죠. 이 선망국에서 청년문제, 세대문제와 같은 사회문제를 푸는 해법을 나름대로 찾는다면 인류에 희망을 제시하는 것 아닐까요?"

인터뷰 내내 조한 교수는 수많은 학자들을 불러냈다. 책《사피엔스》의 저자로 주목받은 유발 하라리부터 울리히 벡, 아감벤, 바흐만, 뒤르켐… 언급한 용어와 개념도 셀 수 없이 많았다. 그렇지만 그 학자의 개념이 필요한 지점이 명확했기 때문에 어렵지는 않았다. 인문학이 왜 필요한지, 우리가 지금 사는 이 사회와 어떻게 연결되는지를 알려주는 수업인 셈이었다. 조한 교수가 평생 해온, 정년퇴임을 한 지금도 여전히 하고 있는 것이 바로 이 일일 것이다.

지금 대한민국에 살고 있는 사람들이 특별히 더 불안해하는 이유가 어디에 있을까요?

한국 사회는 근대화를 막 체화했고, 진짜 근대적 인간들이 됐어요. 가족이라는 단위를 벗어나서 개개인별로 계산해가면서 사는 사람들이 됐죠. 그런데 그게 좀 어중간해요. 서양은 18세만 되면 독립해서 살라고 하면서 동시에 개인에 대한 존중이 있지요. 우리는 부모세대들이 자기들 노후준비도 못 할 만큼 자식들에게 쏟아부어놓고는 이제 자식들을 원망하고, 자식들은 더 안정적인 기반을 만들어주지 못한 부모세대를 원망하는 애증관계가 돼 있어요. 가족과 완전히 분리되지도 못한 어중간한 관계 속에서 불안이 더 커지는 것이죠. 1990년대 젊은이들은 가출도 많이 하고, 학교를 그만두고 훌쩍 떠나기도 하면서 자기를 찾아보려고 애썼는데, IMF 이후로 다

쪽 들어갔어요. 믿을 건 가족밖에 없더라는 거죠. 회사에 취직해도 '평생직장'이 아닌 것으로 드러나면서 가족으로 다시 모여들게 된 겁니다. 그러면서 일정하게 자기들을 지킬 자원을 가진 사람들이 보호막을 치고 '게이티드 커뮤니티Gated Community'를 만듭니다. 도곡동 타워팰리스 같은, 멤버십이 없으면 못 들어가는 커뮤니티죠. 그곳 사람들은 학교도 같이 보내고, 같은 문화권에서 살면서 게이트를 더 공고하게 합니다. 그런 커뮤니티에 들어갈 수 있는 10% 정도를 제외한 나머지는 그야말로 '문 밖의 사람들'이 되는 거죠. 이런 사회일수록 더 위험한 것입니다. 시민들이 서로 소통하면서 서로 보호해야 하는데, 그런 안전망이 없는 사회가 되니까요. 테러 등 갑자기 적대적인 일이 일어났을 때는 이 폐쇄적 커뮤니티도 부서질 수밖에 없습니다.

그런 일을 방지하기 위해서 시민들이 필요한 것이거든요. 유럽은 전쟁 후 유럽 땅에 들어온 모든 아이들의 양육비를 전액 지원했습니다. 그 기저에는 "우리 아이 친구도 인간답게 잘 살아야 우리 아이들도 안전하다"는 생각이 깔려 있어요. 일본은 유럽보다 덜하긴 하지만, 재일조선인 혐오 분위기가 일어나면 의식 있는 일본 시민들이 먼저 나서서 못 하게 합니다. 그게 안전한 사회를 만드는 시민적 질서입니다. 우리는 그런 경험들이 없다 보니까 임대아파트 아이들을 무시하고 배척하면서 그게 어떤 결과를 낳을지에 대해서는 생각하지 못하지요.

시민, 마을, 공동체… 다 우리 사회에서 유독 찾기 어려운 부분들인데, 그럼에도 우리가 '해방적 파국'을 기대할 수 있을까요?

세월호 사건을 같이 겪으면서 우리 사회에 많지는 않아도 어떤 '코어'가 생긴 것 같아요. 울리히 벡이 20대들을 조사한 적이 있는데 동아시아 청년들의 현실 인식 정도가 가장 첨예하게 높았다고 합니다. 똑똑해서라기보다는 그들이 처한 현실이 굉장히 모순적이면서 극화된 형태이기 때문 아닐까요? 그에 비해서 미국 청년들은 어차피 개인이 알아서 해야 할 일로 받아들이고, 또 유럽 청년들은 '왜 세상이 이런가?'라는 질문을 잘 안 한다고 해요. '컴포트 존Comfort Zone'이라고 하는, 공동체의 안락함 속에서 살아왔기 때문이지요. 한국 청년들에게서는 '세상이 왜 이런가?' 하는 질문이 나오고 있습니다. 제가 부정적인 얘기를 많이 하긴 했지만, 총체적 파국이라 할 만큼 문제가 심각하기 때문에 해결책도 나올 수 있다는 말입니다. '해방적 파국'으로 바꿀 수 있는 것이 많다고 생각하는 것입니다.

제도를 선진국에서 들여오기보다는 마을, 공동체 안에서 함께 머리를 긁적이면서 해답을 찾아가는 것이 더 낫다는 말씀을 이해는 하면서도 막연하게 느끼는 사람들이 많을 것 같습니다.

맞벌이 부부가 아이 맡길 데를 찾지 못하는 문제를 봅시다. 유럽은 어떻게 하나, 일본은 어떻게 하나, 가서 보고 거기 제도를 가져올 수 있다고 생각하는 것이 기성세대, '남성'들의 방식이죠. 제가 예를 하나 들어볼게요. 한 젊은 애기엄마가 있었는데, 친정엄마가 아이만 낳으면 키워준다고 노래를 부르다가 막상 낳고 나니 석 달도 안 돼 도저히 힘들어서 못 키우겠다고 했대요. 그래서 난처해하다가 옆집 아주머니하고 얘기를 나눴는데, 이 아주머니는 사춘기 아들이 말도 안 듣고 너무 미워서 미칠 것 같다고 해요. 그렇게 대화하다가 이 옆집에 아이를 맡기게 됐는데, 모든 문제가 풀려버렸어요. 사춘기 아들은 자기 엄마가 아이 키우느라 바빠져서 덜 간섭하니까 관계가 좋아졌고, 아기가 집 분위기도 부드럽게 해주면서 안정적으로 잘 크게 됐다는 거죠. 이런 해법을 제도로 어떻게 찾겠습니까? 마을과 이웃이 있으면 애초에 문제도 안 생길 것들을 다들 제도로, 돈으로, 파행적·압축적 근대화를 겪은 인간의 머리로만 풀려고 하니 '사람'으로서의 방법을 못 찾는 것입니다.

답답한 건 그런 해법을 찾기 위해서는 충분히 이야기할 시간이 있어야 하는데, 그 시간을 못 견디는 사람들이 많다는 거예요. "그러니까 본론을 말해봐." 하는 사람이 하나 있으면 그 단위는 아무 가닥도 못 잡은 채로 목소리 큰 사람에 끌려 다니다가 허탈하게 끝나고 맙니다. 일단 뭐가 문제인지 저 사람 얘기도 듣고, 이 사람 얘기도 듣고, 내 얘기도 하고, 그러는 데 익숙해져야 합니다. 모였으면 빨리 어떤 성과를 내야 한다고 생각해서는 오히려 아무것도 얻지 못할 수 있습니다.

청년수당, 청년배당 등에 대해서도 '먼저 그 필요성에 대해 둘러앉아 이야기하기부터 시작했어야 했다'고 하셨습니다. 교수님께서는 그 필요성에 대해서는 동의하시는 것으로 보입니다.

지원이라기보다는 청년들에게 손해배상을 해줘야 한다는 차원이에요. "너는 직업을 꼭 가져야 한다"면서 무업사회에 팽개쳐놓았고 "쓸데없이 몰려다니지 말라"고 해서 무연사회를 만들어놓았으니 그거라도 해줘야 한다는 거죠. 그렇게 배상을 받아서 청년들이 한 1~3년 해외 돌아다니든지, 자기들끼리 작당을 해서 뭐라도 해봤으면 좋겠어요. 돈 없고 직업 없으면 죽을 것 같아도 옆에 나랑 같이 있어주는 사람 있으면 죽지 않거든요. 물론 그런 얘기를 하려면 적대심에 가득 찬 60~70대를 비롯해서 사회를 설득하는 게 먼저겠죠. 사회 전체와 논의하고 설득할 게 아니라면 얘기 안 꺼내는 것만 못 합니다.

국가보다는 도시, 마을 단위로 의논해서 해법을 찾아가는 예를 더 말씀해주실 수 있을까요?

제일 말 많고, 갈등도 많았고, 깨질 것 같은데 안 깨지는 마을이 '성미산'이죠. 전통적인 마을은 아니고 아이들 교육 때문에 가까이 살게 된, 도시에서 드물게 새로 생겨난 마을이에요. 애들 교육문제가 걸려 있으니까 안 보고 싶은 사람하고도 계속 보게 되고, 그렇게 한동안 살다 보니 〈조선일보〉 보는 사람과 〈한겨레〉 보는 사람이 일 있으면 의논하게 되고, 급한 일 생기면 "우리 집 좀 봐달라"고 할 수 있게 된 겁니다. 그렇게 삶의 여유가 생겨나는 겁니다. 다른 동네에서는 주차장문제로도 이웃끼리 죽도록 싸우죠. 대부분 한국 떠나는 사람들이 그런 삶이 싫어서 떠나는 것 아니겠어요?

다른 예로, 제가 사는 동네에 여성 두 명이 하는 반찬가게가 있는데, 일주일에 두 번 배달 오도록 했더니 거의 매일 갖다 줘요. 그러다가 어떤 날은 "제가 독감에 걸려서 못 가요." 하고 안 와요. 시장 시스템에서 서비스를 구매한다는 개념으로 볼 때는 말이 안 되죠. 그렇지만 동네에서 친한 사이니까 아무렇지도 않아요. 제가 뭘 좋아하는지 알고 갖다 주니까 제가 누리는 질도 높지요. 어떤 다른 서비스가 뚫고 들어올 수 없는 막강한 힘을 가지는 거예요.

국가주의, 거대한 체제를 중심으로 사고하는 '남성'들에게는 이런 게 하찮아 보이겠지만, 절대 작은 게 아니에요. '해방적 파국'은 제도가 다른 제도로 탈바꿈하는 게 아니라는 것을 명심해야 해요. 누에고치가 나비가 되는 일이어야 하는 거죠. 누에고치를 다스리던 정부는 나비들에게는 마땅히 할 일이 없을지도 몰라요.

물론 이런 대안들이 더 퍼지려면 여성들도 지금보다 더 목소리

내야 하고, 청년들도 더 적극적으로 살길을 찾아야 해요. 우리 안에 가진 것들을 가지고 스스로 막강해지고, 우리끼리도 오순도순 재미있게 잘 살아야 하는 거죠. 제가 좋아하는 '재주도 좋아'라는 팀은 제주도의 빈 창고에서 예술 작업 하고, 동네 아이들하고 놀고, 동네 사람들이 수확한 열매로 잼 같은 거 만들어서 장터에서 팔고, 그러면서 아주 재미있게 잘 살고 있어요. 이런 사람들이 많아지면 젊은 이들이 비로소 숨을 쉴 수 있게 될 거예요. 이 회사 때려치워도, 부모 슬하를 떠나도 어디어디 있는 쉐어하우스 가면 잘 살 수 있다, 거기 사람들이 있다, 하면 죽지 않는 거죠. 그럴 수 없다면 어디 살든 얼마를 벌든 지옥인 거고요.

서울시의 마을 만들기 정책에 많은 조언을 해오셨는데, 그 영향으로 마을이 생겨나고 있다고 볼 수 있나요?

여기저기서 움직임들이 보여요. 다만 '정책'으로, 어떤 '프로그램'으로 하는 방식을 벗어났으면 좋겠어요. 그냥 동네에 한 군데 솥 걸어놓고, 누구든지 와서 밥을 먹을 수 있게 하자고 저는 계속 주장해왔어요. 그냥 밥값만 주고, 동네에서 국 잘 끓이는 사람, 반찬 잘 하는 사람 모여서 매일 밥을 해서 먹으면 거기서 공동체가 생겨나는 거거든요. 아는 사람이 보면 그런 분들이 잘 보이는데, 안 보이는 사람 눈에는 안 보이죠. 그렇다고 해서 또 그런 프로그램을 동네마다 한다? 그건 또 아니고요. 어디서는 해봤는데, 사람들이 밥 먹으러 안 오기도 해요. 근대적 인간이 까다롭거든요. '내가 갈 자리인가?' 하고 따지는 거죠. 차라리 돈 내는 거면 당당하게 가서 먹을 텐데, 약간 불편하게 낯선 사람들 사이에 끼어서 밥 먹고, 이런 거 잘 못 해요. 사실 그런 건 옛날 달동네 살던 친구들이 잘했어요. 그 친구들이 사회성도 좋고 머리도 좋고 훌륭했는데… 학원만 다니면서 자란 친구들에게는 없는 능력이 있죠. 그런 인력들을 잘 키웠으면 공동체에서 큰 역할을 했을 텐데, 그런 생각들이 없었죠. 이제라도, 부모 품에서 캥거루처럼 살던 청년들이라도 더는 기댈 데가 없으니까 확 뚫고 나왔으면 좋겠어요. 그래야 돌파구를 찾을 수 있을 것 같아요.

실패의 공포

시행착오를
공공재로

이정동
서울대 공과대학 교수

**실패 없이는
축적의 시간도 없다**

"

서울대 공대에서 학사, 석사, 박사학위를 받고, 현재 서울대 산업공학과 및 대학원협동과정 기술경영경제정책 전공 교수로 재직 중이다. 한국생산성학회 회장, 한국기업학회 회장으로 봉사했고, 한국공학한림원 일반회원이기도 하다. 최근 경제위기를 우려하는 목소리가 커지는 가운데서도, 시행착오를 거치며 경험지식을 축적하는 게 중요하다고 역설하고 있다. 《축적의 시간》(공저) 《공학기술과 정책》 《효율성 분석이론》 등을 쓰고, 《진화경제이론》을 공동번역했다.

"퍼스트 무버first mover(선도자)라는 용어가 뜨니까 요즘 많은 기업 CEO들이 직원들보고 '퍼스트 무버가 되자'고 합니다. 직원들도 퍼스트 무버가 되고 싶죠. 아닌 사람이 어디 있겠습니까? 그렇지만 불가능한 거죠. '지금부터 1년 안에 실수 없이 퍼스트 무버가 돼라.' 이런 식이니까요." **"**

불가능한 이유의 포인트는 어디 있을까? 상명하달? 시류 편승? 서두르는 문화? 그것들보다는 '실수 없이'라는 부분에 있다. 이정동 서울대학교 산업공학과 교수는 인터뷰 내내 한국 산업, 한국 사회의 문제로 '실패를 용인하지 않는 문화'를 일관되게 지적했다. 실패를 통해 쌓은 경험 없이는 새로운 것을 만들어갈 수 없고, 특히나 '퍼스트 무버'는 절대로 될 수 없다는 것이다.

2016년 3월 서울대 공대에서 만난 이 교수는 '시대정신을 묻는다' 인터뷰에 딱 맞는 인물이었다. 산업 분야를 대표하는 정책 전문가라는 이유도 있지만, 2015년 말 출간한 책 《축적의 시간》 때문이기도 하다.

이 책은 서울대 공대 교수 26인이 각 전공 분야의 한국 산업을 진단하는 내용을 담고 있다. 인터뷰 진행과 종합 집필의 역할을 이 교수가 맡았다. 분야는 산업과 공학기술로 한정했지만 그 취지는 각분야 전문가들에게 한국 사회의 현재와 미래 진단을 요청하는 '시대정신을 묻는다' 기획과 통한다. 결과적으로 이 교수를 통해 26인의 산업·공학 전문가를 만나게 된 셈이다.

2000년대 이후로 새로운 산업이 없다

이 교수가 26인의 인터뷰를 통해 이끌어낸 공통된 문제의식은 "우리 산업은 선진국의 개념설계를 받아와 착실히 실행하는 데만 너무 익숙해져 있다"는 것이다. 그리고 산업이 선진국 수준으로 넘어가려면 '개념설계역량'이 꼭 필요한데 이를 위해서는 오랜시간 시행착오의 경험을 축적해야 한다는 목소리도 공통적이었다. 책의 제목이 '축적의 시간'인 이유다. 한국 산업은 이런 경험과 문화가 부족하기에 문제점들이 나타나고 있다는 것이다. 이 교수는 "경제위기가 올 때마다 '한국 산업의 펀더멘털fundamental(기반)은 좋다'는 식의 위로성 진단이 나오지만, 실제로는 그렇지 않다"고 했다. 가장 흔한 분석이 '선진국은 앞서가는데 중국이 빠르게 따라와서' 한국 산업이 어렵다는 것이지만 이 교수의 설명은 전혀 달랐다. 선진국에도 있고 중국에도 있는 것이 한국에만 없다는 것이다. 그것은 개념설계를 할 수 있는 역량, 그리고 이를 바탕으로 새로운 산업을 만들어내는 능력이다.

"2000년대 이후로 우리나라에 새로운 산업, 기존 산업을 대체할 만한 신산업이 거의 생기지 않고 있습니다. 그 이유가 뭘까요? 아이폰처럼 전에 없던 새로운 걸 내놓거나, 지금까지와는 다른 비즈니스 관행을 만들거나, 새로운 시장을 창출할 수 있어야 하는데 우리 사회에는 그런 역할을 할 기획자, '아키텍트architect'(설계자)가 없어요. 기술력을 바탕으로 새로운 도전의 틀을 제시할 수 있는 인재도, 기업도 없는 겁니다."

그런 문제에 직면한 한국 산업의 분야별 현황은《축적의 시간》에 자세히 설명돼 있다. 한국이 그나마 세계적 경쟁력을 가진 반도체 산업에 대해 황기웅 전 서울대 전기정보공학부 교수는 "메모리 분야에서는 향후 5년 정도 경쟁력을 유지하겠지만 반도체 시장의 70%로 비중이 더 큰 시스템 IC(비메모리 반도체) 분야는 일본과 대만이 양분하고 있다"고 했다. 특히 중국의 성장세가 대단하다면서 "중국은 발전 속도, 잠재력, 인력, 무엇보다 산업을 기획하고 만드는 '아키텍처architecture' 측면에서 출중하다"고 했다.

우리 조선업계가 사활을 걸고 진출했다가 엄청난 난관에 봉착해 있는 해양 플랜트 분야에 대해 한종훈 화학생물공학부 교수는 "해양 플랜트 건설에 필요한 세 공정인 엔지니어링, 구매, 시공 중에서 엔지니어링이 가장 핵심인데 우리 기업들은 그 역량이 없다"면서 "수백 년 데이터를 쌓아온 유럽·미국 기업에서 라이선스 형태로 설계를 사오기만 하니 역량은 축적되지 않고 예측 능력도 떨어져서 조금만 문제가 생겨도 막대한 지연연체금을 물어내는 식이라 위기에 처한 것"이라고 분석했다.

차세대 디스플레이 전문가인 이창희 전기정보공학부 교수는 "우리 기업들이 보유한 OLED 기술은 중국이 5~6년이면 따라잡을 것"이라며 "일본은 바닥부터 다져오며 축적된 기술 기반이 있어서 소재와 장비 분야 경쟁력이 탄탄하지만, 우리는 디스플레이 패널과 TV 세트 부문에서 경쟁력을 잃으면 산업 전체가 무너질 가능성이 있다"고 했다.

자동차 전공 서승우 전기정보공학부 교수는 "우리 자동차 산업의 외형은 커졌지만 축적해놓은 것이 너무 적어 기술 종주국이라 할 수 없다"고 진단하면서 전기차로 세상을 놀라게 한 테슬라모터스 같은 미래지향성이 없다고 걱정했다.

이미 중국에서 기술을 수입하는 분야도 있다. 설승기 전기정보공학부교수는 "발전, 송배전 등 이른바 강전強電 분야의 거의 모든 기술에서 한국이 중국에 뒤져 있다"면서 "그나마 노력하는 국내 회사들이 중국으로부터 열심히 배우는 실정"이라고 했다.

이 진단을 종합하면서 이정동 교수는 "시행착오 경험을 바탕으로 한 개념설계 역량이 새로운 비즈니스를 만들어내는 근본적인 힘인데, 기술 선진국들은 200~300년 이상 시행착오를 축적할 '시간'이 있었다"고 설명한다. 중국의 경우는 근대산업의 역사는 짧지만 넓은 시장을 바탕으로 시행착오를 축적할 '공간'이 있기 때문에 역시 새로운 비즈니스를 만들어가고 있다는 것이다. 반면 한국은 시간도 없고 공간도 없는 안타까운 상황이라는 진단이다.

제조업 일자리가 서비스업보다 나은 이유?

한국의 산업, 특히 제조업이 이렇게 심각한 위기라면 서비스업을 확대하면 되지 않을까? 이미 일반화돼 있는 이런 인식에 대해 이정동 교수는 "서비스업으로 좋은 일자리를 만들 수 있느냐"고 되물었다.

"서비스업이 만드는 일자리의 대부분이 저임금의 '맥도날드 잡job' 아닙니까? '할리우드 경제'라는 말이 있죠. 소수만 큰돈을 벌고 대다수는 전문성을 쌓거나 발전할 가능성이 없는 낮은 수준의 일자리에 머무는 경제입니다. 제조업이 무너지면 그런 경제가 될 수밖에 없습니다."

제조업 일자리라고 하면 컨베이어 벨트 앞에서 부품을 조립하는 등의 단순 작업 일자리를 떠올리는 사람도 많겠지만, 이 교수는 "첨단 제조업 현장의 일은 서비스업보다 매뉴얼화가 어렵고, 경험하면서 쌓아가는 '암묵적 지식'(tacit knowledge)이 더 많이 요구된다"고 했다.

암묵적 지식에는 두 가지가 있는데 하나는 '반복을 통한 효율 개선 역량'(learning by doing)이고, 다른 하나는 '시행착오 축적에 기반한 창조 역량'(learning by building)이다. 이 교수는 "전자는 TV 프로그램 〈생활의 달인〉에 나오는 것처럼 오래 하면 숙련되는 방식이고, 후자는 예전에 없던 것을 직접 만들어보면서 창조적 개념설계 역량을 쌓는 것"이라고 설명했다.

쉬운 예로 영화 〈아폴로 13〉(1995년작)을 들었다. 지구로 돌아와야 하는 우주선이 우주에서 위험에 처하자 지구에서 엔지니어들이 비슷한 환경을 만들어놓고 문제해결 방법을 찾아나간 것이 좋은 예라는 것이다. 이 교수는 "고도의 창의적인 혁신은 현장에서 나오고, 그렇게 창조적인 시행착오 경험을 축적한 사람들은 쉽게 대체되지 못하기 때문에 '맥도날드 잡'으로 내몰리지 않는다"고 했다.

독일, 일본 등은 해외로 내보냈던 공장을 다시 자국으로 가져오고 있다면서, 이 교수는 "혁신과 현장 사이의 물리적 거리를 좁힐 수 있어야 창조적 역량에 기반한 근본적인 산업 경쟁력이 높아질 수 있다는 인식 때문"이라고 했다.

"요즘 중국의 기술 특허가 주목받는 것은 중국이 세계의 공장이기 때문입니다. 현장에서 시행착오를 통해서 만들어진 혁신이 중국의 기술경쟁력으로 이어지고 있는 것이죠."

"요즘 중국의 기술 특허가 주목받는 것은 중국이 세계의
공장이기 때문입니다. 현장에서 시행착오를 통해서 만들어진
혁신이 중국의 기술경쟁력으로 이어지고 있는 것이죠."

최근 사례로 독일에서 개발한 풍력발전 핵심기술을 이전받은 중국 기업 이야기도 했다. 독일도 포기한 경량날개 결합 방법을 중국 엔지니어들이 현장에서 직접 만들어가면서 발견했고, 그래서 독일 기업이 다시 더 많은 돈을 주고 중국 기술을 사 갔다는 것이다. 이 교수는 "중국은 이렇게 제조현장의 힘을 바탕으로 혁신에서도 앞서 나간다"면서 "이런 '현장 중시 엔지니어 마인드'가 있어야 산업이 이어진다"고 강조했다.

실패를 공공재로: 구글의 성공이 말해주는 것

문제는 한국 기업들에게는 그런 현상이 안 보인 지 한참 됐다는 것이다. 이 교수는 "과거 우리 산업이 역동적으로 발전하던 시기에는 우리에게도 엔지니어 마인드가 있었다"고 상기시켰다. 농업이 기반이던 국가가 철강산업을 키워내고, 조선업 기반이 없는 상태에서 세계 1위의 조선업을 만들어내는 과정 등을 예로 들며 "일단 해보고, 안 되면 반성하고, 다시 도전하는 '엔지니어 정신'이 있었다"고 했다.

"1980년대부터 삼성전자가 반도체 D램 개발하면서 7년 이상 돈을 못 벌었습니다. 그러면서도 수천억 원을 계속 쏟아부었습니다.

일론 머스크 못지않은 도전이었지요. 디스플레이도, CDMA도 그렇게 해서 세계에서 앞서나가게 된 것입니다. 조선업계에서 처음 LNG선을 만든 과정도 마찬가지였습니다. 아무 기술도 없던 나라 사람들이 기술로 독립해보겠다는, 그 단계를 넘어서 세계 1위가 돼보겠다는 담대한 꿈을 꾸고 도전한 결과였습니다."

이 교수는 그런 '엔지니어 정신'이 사라진 것은 금융이나 경영 시스템 등 산업을 둘러싼 환경이 안전 위주의 관리 모드로 전환되면서부터라고 분석했다. "실패하면 프로젝트 당사자에게 책임을 묻는 시스템하에 놓인 뒤로 기업들이 시행착오를 용인할 수 없게 된 것"이라고 했다. 그렇다고 '기술경쟁력'의 중요성이 잊힌 것은 아니다. 여전히 많은 국가예산이 기술 연구와 개발(R&D)로 투입된다. 2016년 R&D에 투입되는 국가예산은 19조 원에 달한다. 이에 대해 이 교수는 "이렇게 투자하는데 왜 새로운 비즈니스가 없냐고 한다면 산업의 프로세스를 모르는 것"이라고 했다.

"대학·연구소에는 신기술이 있죠. 문제는 이것을 비즈니스로 연결할 주체가 없다는 것입니다. 실험실에서 연구 결과가 나오면 검증을 해야 하는데 거기에는 그리 많은 돈이 들지 않습니다. 그렇게 해서 특허나 논문이 나와도 아직 아이디어 차원일 뿐입니다. 이게 '돈'이 되려면 꼭 거쳐야 하는 단계가 '스케일업scale-up'입니다. 여기에는 실험 단계에 비할 수 없이 많은 자금이 필요합니다. 성공하면 조 단위 산업이 되는 것이죠. 그런데 요즘 기업들은 이 스케일업 투자를 기피합니다."

　스케일업 과정에 수반될 수밖에 없는 불확실성, '얼마나 걸릴지' '얼마가 소용될지' 모르는 그 엄청난 불확실성을 감당하는 것이 기업이고 국가여야 하는데, 우리는 그러지 못하기 때문에 몇십 년째 신산업이 안 나온다는 설명이다.

　그 일에 가장 적극적인 외국 사례가 '구글'이라고 이 교수는 설명했다. 구글이 2015년에 기술에 투자한 돈이 15조 원 정도라면서 "구글 딥마인드의 인공지능 기술을 보고 '왜 우리는 저런 게 없느냐'고 하는데, 구글이 그동안 추진하다 실패한 스케일업 프로젝트가 수십, 수백 개라는 사실은 간과한다"고 지적했다.

　한때 제조업이 성했다가 무너지면서 중산층도 같이 무너지고 있는 영국의 예를 들면서 이 교수는 "우리도 이런 상태로 가면 5년쯤 후부터는 산업이 쇠락하는 게 보일 것"이라고 했다. 따라서 지금부터라도 우리가 해야 할 일은 실패와 시행착오를 용인하고, 나아가서 실패를 아예 '공공재'로 간주하고 국가와 기업이 책임지고 장려하는 문화를 만들어야 한다는 것이다.

'보장된 월급'보다
'도전적 과제'를

　　다만 이 교수는 청년들에게 무분별하게 창업과 도전을 권하는 요즘 세태에 대해서는 "어른들이 해서는 안 될 일"이라고 신랄한 비판을 했다. "청년들에게 무슨 축적된 지식이 있겠느냐"면서 "기껏 모을 수 있는 자원이라는 게 또래 청년들일 텐데 그들보고 신사업을 만들어내라며 등을 떠미는 것은 무책임한 일"이라고 했다.

　　"빌 게이츠, 스티브 잡스가 대단할 수 있었던 것은 그 사회에 축적된 지식들이 있었고, 그들 스스로 괴짜라고 할 만큼 파고들어서 그 축적된 지식 허브의 정점에 선 다음에 주변의 자원들을 폭넓게 활용하고 끌어들였기 때문입니다. 즉, 혁신을 일으키려면 축적된 지식의 허브가 존재해야 하고, 본인이 최고의 고수이거나 그만한 고수들이 주변에 있어야 합니다. 우리나라의 20대~30대 초 나이의, 아무 기술도 자원도 없는 청년들이 무슨 수로 혁신적인 신산업을 일으키겠습니까?"

　　청년창업 공모전 내용을 간접적으로 접해봤다는 이 교수는 "공모된 아이템이라는 게 기존 비즈니스, 그것도 규모가 작은 사업을 약간 바꾼 정도"라면서 "대부분은 여기 있는 것을 저기 옮기는 수준의 아이디어였다"고 했다.

　　특히 서울대 공대를 중퇴하고 창업해서 '킬링타임용 게임'을 만

"실제 현실을 보면
대기업일수록 실패를
두려워하고 성공이 보장된
산업에만 진출하려 해서
안타깝습니다."

든 청년의 사례를 전하면서 "게임 산업을 무시하는 게 아니라, 그 청년을 과학고·서울대 보내는 데 투입된 사회적 자원이 얼만데…. 그렇게 만든 '킬링타임용 게임'이 사회에 미치는 영향이 무엇일지 생각해보라"고 한탄했다.

국가가 창업을 장려하고 지원하는 것은 좋지만, 기존 산업에 대한 지식과 축적된 경험이 있는 재직자 창업과 분사형 창업을 우선적으로 지원하고, 여기에 청년들이 참여하면서 경험을 쌓아갈 수 있도록 해야 한다는 주장이다.

청년들이 창업에 몰리는 이유는 극심한 경쟁을 뚫고 기업에 들어가봐야 도전적 비전을 찾을 수 없기 때문이다. 이 교수는《축적의 시간》을 출간한 후 많은 졸업생, 청년들이 보여주는 반응들을 접하고 있다면서 대부분 "지금 하는 일에서 의미를 찾을 수 없다" "월급을 덜 받아도 좋으니 도전하는 일을 하고 싶다"는 하소연이라고 했다.

이 교수는 테슬라 CEO인 일론 머스크의 또 다른 기업 '스페이스X'가 2015년 말 재사용 로켓 '팔콘9'을 쏘아 올린 날 이야기를 꺼냈다.

"스페이스X 직원들이 조종실 밖에 모여 있다가 화면 보면서 막 껴안고 하이파이브 하는 장면이 있습니다. 이 직원들에게 그 순간 중요한 건 무엇일까요? '이번에는 과연 성공적으로 뜰 수 있을까'가 중요하지, '이번에 연봉 얼마나 올라갈까'가 중요하겠습니까? 탁월한 젊은이들일수록 도전적인 과제에 끌리는 법입니다. 도전적 과제가 주어지지 않으니까 봉급만 따지게 되는 것이죠."

따라서 우수한 직원들을 뽑아가는 대기업일수록 신사업 개척에 적극적으로 나서야 하고, 직원들이 실패하고 시행착오를 하도록 판을 깔아줘야 한다면서 이 교수는 "실제 현실을 보면 대기업일수록 실패를 두려워하고 성공이 보장된 산업에만 진출하려 해서 안타깝다"고 했다.

'실수해도 괜찮아' 문화만 있어도 바뀐다

이 교수는 정부가 마치 '보육자'인 것처럼 산업을 규제하는 산업정책의 문제점을 지적했다. "우리 정부의 비즈니스에 대한 태도는 마치 부모가 아기한테 '아니야, 위험해. 그런 데 손대는 거 아냐, 이런 걸 해야지.' 하는 식"이라면서 "이렇게 사전예방적으로 규제해서는 신산업이 나타나기 어렵다"고 했다.

"정부야말로 시행착오를 용인하고 권장하는 태도를 가져야 합니다. 시행착오를 일종의 공공재로 봐야 한다는 거죠. 그렇다면 정부가 할 일은 '시행착오의 안전망'을 만들어주는 것입니다. 정부예산으로 직접구매를 할 때부터, 예를 들면 정부부처에서 A4용지를 살 때도 가격 효율을 따질 게 아니라 '혁신'을 지향해야 합니다. 혁신적인 시도를 하고 있지만 아직 시행착오의 시간이 더 필요한 기업의 물품을 우선 구매해줘야 한다는 것입니다. 그러면 곧 민간 시장에서도 경쟁력 있는 혁신적 제품을 만들어낼 수 있으니까요."

그 밖에도 시행착오를 겪고 있는 기업을 '좀비 기업'이라며 성급하게 쳐내는 중소기업 정책, '벤치마킹'을 맹신해서 모든 보고서마다 '해외 사례'를 붙이는 관행, 초중고생들이 틀릴까 봐 손을 들지 못하는 교육현장 등 이 교수가 지적한 문제들은 다 전하기 어려울 만큼 많았다. 그럼에도 모든 현상의 원인은 일관되게 '실패를 용인하지 않는 문화'로 귀결됐다. 그만큼 이에 대한 문제의식이 강하다는 뜻일 것이다. 또한 그렇기 때문에 해법도 단순했다. 이제부터라도 '실패를 용인하는 문화'를 만들면 되는 것이기 때문이다. 그래서 희망은 있다는 결론이었다.

"기업이든 개인이든 정책담당자든, 정치인이나 언론인, 그 밖의 누구에 대해서건, 뭘 하다가 안 됐을 때 비난하거나 욕하지 않는 것부터 시작해야 합니다. 욕을 먹으면 자연히 위축되고, 행동도 조심스러워질 수밖에 없습니다. '실수해도 괜찮아'라는 문화만 생겨나도 많은 것이 바뀔 거예요. 그동안 번데기 때 죽었던 많은 것들이 나비가 돼서 날아오를 것입니다."

《축적의 시간》이 베스트셀러가 될 만큼 큰 호응을 받은 이유

가 무엇이라고 생각하시나요?

SNS와 메일 등으로 반응을 보내는 사람들 중에는 공학

도들도 있지만 공학을 전공하지 않은 사람들도 많습니다. 이 사람들

이 왜 산업·기술 얘기만 잔뜩 들어 있는 책에 뜨겁게 반응하는지 생

각해보니, 그동안 이런 이야기가 거의 없었더라고요. 서점에 가보면

경제·경영·과학 섹션은 있는데 산업 섹션은 없습니다. 도서관에도

산업 분류 코드가 없는 곳이 많아요. 우리나라에서만 수백만 명의

사람들이 매일 하는 일에 대해서 거의 이야기하지 않고 살아왔다는

거죠. 환율, 거시경제, 이자율 등 경제 전문가들이 하는 말들이 어렵

게 느껴지는 게 바로 그 이유입니다. 우리 삶과 다소 떨어진 이야기

처럼 들리는 겁니다. 그 지표들만으로는 사회 저변의 지류를 볼 수

없습니다. 이 책에서는 그 지류의 이야기를 자세히 하면서 "실제로 들여다보면 문제가 생각보다 심각하다, '펀더멘털'에 위기가 있다"고 하니까 호응을 얻은 것 같습니다.

지금 우리 사회에 그나마 축적된 기술, 숙련도라는 게 있다면 어디에 있을까요?

그나마 대기업에 있지요. 우리 사회가 많은 자원을 투입하고, 안전망을 쳐주면서 성장시킨 기업이니까요. 품질 좀 떨어져도 국산품 애용해야 한다고 하고, 공적자금 투여하면서 살린 것들이 말하자면 실패를 보듬어준 것입니다. 그래서 그나마 우리 사회에 축적된 자원들이 대기업에 몰려 있습니다. 문제는 대기업들이 이를 혁신을 위해 써야 하는데, 현재 지위를 지키는 데만 쓴다는 것이죠. 면세점 사업을 놓고 다투는 것이나 골목상권 넘보는 걸 보세요. 다만, 우리 사회가 대기업을 너무 경원시하는 것은 좋지 않다고 봅니다. 바로 그 축적된 자원이 우리 사회가 같이 쌓아온 것이기 때문이죠. 대기업들이 새로운 비즈니스에 뛰어들 수 있도록 해야 하고, 그런 과정에서는 실패를 하더라도 용인하고 기다려줄 수 있어야 한다고 봅니다. 또한 분사형 창업도 더 활발히 일어나도록 해야 하고요. 그렇게 혁신의 모판으로 활용해야 하는 거죠.

어떻게 그런 방향으로 가도록 할 수 있을까요?

대기업 안에서 잘 배우고 경험한 사람들이 사회에 나와서 창업하거나 대학으로 와서 전문 연구자가 될 수 있고, 또 전문 연구자가 다시 기업으로 갈 수 있는, 지식의 순환이 일어날 수 있도록 해야 합니다. 지금 그나마 새로 떠오른 산업들은 그렇게 대기업의 경험을 밖으로 가지고 나와서 이뤄진 것입니다. 네이버가 그렇고 G마켓도 그렇죠. 그래서 재직자 창업을 독려해야 하는 것입니다.

그런데 우리나라 이공계 박사들은 십중팔구 대학이나 정부 출연 연구소에 있습니다. 선진국에서는 대부분 민간 기업에 가 있고요. 우리는 대학이나 정부 출연 연구소에 있던 사람이 민간 기업으로 가면 신문에 납니다. 그러니까 지식이 고인 물이 되는 겁니다. 어떤 신기술을 개발했다면 바로 논문을 쓰고 특허를 내면 안 됩니다. 그건 무상으로 공유한다는 뜻이니까요. 그 기술을 역량 있는 기업에 독점적으로 제공해서 산업으로 연결되도록 해야죠. 그러려면 연구자들이 기업으로 가야 합니다. 그러지 못하는 구도에서는 대학에 아무리 R&D 예산을 투입해도 산업과 연결되지 않습니다.

최근 많은 중견 인력들이 대기업에서 명예퇴직 등으로 나오고 있는데 딱히 할 일이 없다고 합니다. 그 한 사람이 재직하는 동안 교육 등으로 기업에서 많은 자원을 투입했을 텐데, 그 경험과 지식이 그냥 쓸모없게 된 것입니다. 치킨집 차리는 것 말고는 할 수 있는 게 없는 거죠. 미국 같은 환경이면 다른 분야에서 그 지식과 경험을 사용할 수 있을 것입니다. 가장 좋은 곳이 대학이죠. 우리는 그런 경우가 거의 없는데, 기업에서 오래 근무한 사람들이 대학에 와서 학생을 가르치면 큰 도움이 되지 않겠습니까? 교수라면 꼭 논문을 써야 하니까 그런 연결이 잘 안 되는 건데, 왜 다른 방식으로 인정해주면 안 될까요? 아까운 자원을 낭비하지 않고, 기술 축적, 경험 축적에 도움이 된 다면 이런 부분들부터 바꾸어야 합니다.

대기업들이 '퍼스트 무브'를 강조한다고 하셨는데, 말씀하시는 문제의식과는 통하지 않나요?

이미 '퍼스트 무브' 얘기한 게 10여 년 됐는데요, 계속 강조하는 것처럼 실패의 가치를 빼고 얘기하기 때문에 공허한 메시지만 되는 겁니다. 그러는 사이에 식상한 얘기가 돼버렸지요. '퍼스트 무브', 즉 제일 앞장서서 걸어간다는 것은 마치 안갯속을 걷는 것과 같지 않겠습니까? 주춤거리고 더듬거리고, 때로는 돌부리에 발이 걸려 넘어지는 게 당연하지요. 픽사, 테슬라, 스페이스X가 어느 날 그냥 나오지 않았을 텐데, 그런 점을 못 보는 건지 안 보는 건지 모르겠습니다. 어쩌면 그런 성공들이 개인의 능력에서 나온다는 생각, '기가 막히게 똑똑한 사람 한 명만 나오면 우리도 같이 먹고 살 수 있다'는 식의 생각 때문인지도 모르겠습니다. 천만의 말씀이지요. 스티브 잡스 뒤에 무수히 실패한 사람이 있기 때문에 그 새로운 비즈니스가 나온 것이니까요. 미국에서도 뛰어난 개인들을 칭송하기는 하지만 그 사람 능력만으로 이룬 성공이 아니라는 점은 직시합니다. 애플이 많이 듣는 말이 "법인세 말고 별도의 세금을 더 내야 한다"는 것입니다. 비즈니스 수익으로 내는 세금은 당연하고, 미국 정부가 세금으로 수십 년 투자해서 쌓아놓은 지식의 허브에서 가져간 기술로 성공했으니 그에 대해서 환원해야 한다는 논리입니다. 애플이 그동안 초·중·고교에 컴퓨터 깔아주는 것 같은 활동을 꾸준히 해오지 않았다면 이 논쟁 때문에 어려움을 겪었을 것입니다. 미국이 최근 몇 년간 신재생에너지에 얼마나 많은 국가예산을 투입하는지 집계하기도 어려울 정도입니다. 중국도 막대한 투자를 하고 있는데 미국에 비하면 적어요. 어찌 보면 시장경제에 기반한 자유주의와는 상반된, 사회주의적인 행태 아닙니까? 그런데 왜 그렇게 할까요? 그 기술을 기반으로 기업들이 성장하고 시장이 활성화되기 때문이지요. 우리도 물론 R&D에 예산을 쓰는데요. 투입하자마자 성과를 따지고 국정감사에서 호통 치는 식으로 해서는 안 됩니다.

정부와 기업에서 리더십의 세대교체가 일어나면 나아질 것으로 보시나요?

세대교체가 중요하긴 한데, 엄밀하게 보면 나이의 문제는 아닙니다. 젊은 사람들 중에도 구시대적인 생각을 하는 사람이 얼마나 많습니까. 이른 나이에 성공한 사람들이 더욱 권위적이고 가부장적인 경우가 많더군요. 나이의 문제는 아니고, 고정관념에서 벗어나서 새로운 시도를 할 수 있는 마인드를 가진 사람들이 많아져야 하겠지요. 그런 면에서 초·중·고 교육이 중요합니다. 앞에서 말한 영화 〈아폴로 13〉에서처럼, 답이 없는 문제를 던져주고 스스로 시행착오를 겪으면서 답을 찾아보도록 하는 교육이 필요합니다. 요즘 '아두이노ADUINO'라는 IoT 플랫폼이 인기입니다. 활용방법들이 인터넷에 오픈소스로 공유돼 있어서 초등학생도 그걸 보고 로봇을 만들곤 합니다. 어린 학생들을 문제풀이에 매달리게 하느니 이런 것들을 자유롭게 갖고 놀도록 하는 것이 더 좋은 교육이라고 봅니다. 작은 실패를 해보게 하고 그것에 대해서 물어보면 가르쳐주고, 혼자서 고쳐본 다음에 다시 물어보면 가르쳐주고… 교육의 역할은 그런 것이어야 합니다. 알파고 이후로 코딩 교육 열풍이라는데 이것 역시 그런 도구로 활용해야 합니다. 코딩 방법을 주입식으로 가르쳐봐야 그 아이들이 어른이 될 때쯤이면 아무 쓸모없는 기술이 될 테니까요.

창의적 인재를
기를 수 있다고?

정재승
KAIST 바이오및뇌공학과 교수

**일사불란한 사회는
불행하다**

＂

KAIST 물리학과에서 학부부터 박사학위를 받을 때까지 공부했다. 예일대 의대 정신과 연구원, 컬럼비아대 의대 정신과 조교수로 치매와 투렛증후군을 연구했으며 현재는 KAIST 바이오및뇌공학과 교수로 있으면서, 선택의 순간 뇌에서 무슨 일이 벌어지는지 연구하고 있다. 과학 대중서의 신호탄이 된 《과학 콘서트》를 시작으로 《정재승+진중권 크로스》 등의 베스트셀러를 출간한 대표적인 과학저술가이기도 하다.

"지금과 같은 한국 교육을 받은 사람들이
인공지능으로 대체되는 것은 굉장히 자연스러운 일이지요."

"

2016년 3월 알파고·이세돌 대국 직후, 인공지능 때문에 일자리 대부분이 없어지리라는 공포가 한국 사회를 뒤덮었었다. 그로부터 한 달여 후 《사피엔스》의 저자 유발 하라리 이스라엘 히브리대학 교수가 내한했을 때 "인공지능이 인간의 일자리를 대체하는가?"라는 질문에 "그렇다"고 하는 것을 넘어 "호모 사피엔스Homo sapiens(생각하는 사람)라는 종이 없어질 것"이라고까지 답해 불안은 더 커졌다.

알파고 충격 이후 인공지능에 대해 가장 많은 질문을 받았을 전문가인 정재승 KAIST 바이오및뇌공학과 교수는 이런 사회적 반응에 대해 "바람직하지 않다"고 했다. 진지한 논의가 시작되기보다는 충격과 공포, 불안이 확대되고 그 틈을 타서 사교육과 출판시장 일부가 돈을 버는 모양새는 좋지 않다는 것이다.

인공지능으로 인한 변화에 대한 진단 자체는 크게 다르지 않다. 알파고·이세돌 대국 후 얼마 지나지 않았던 2016년 3월 19일 서울 이태원동 사무실에서 만난 정 교수는 "인공지능은 일자리 지형도 자체를 바꿀 것이고, 제조업뿐만 아니라 서비스업까지 전 분야에서 변화가 일어날 것"이라고 정리했다. 특히 현재 기준으로 '공부 잘하는 사람'이 위험하다고도 했다. 보통 인공지능에 대체될 일자리로 육체 노동 및 단순 서비스업을 떠올리는 것과는 반대다.

"지금 우리 학교에서 좋은 성적을 거두는 사람은 숫자와 언어를 잘 다루는 사람, 주어진 정보에 대한 분석 능력이 뛰어난 사람이지 않느냐"면서 "그게 바로 인공지능이 대체할 수 있는 능력이기 때문"이라는 것이다.

'창의적 인재' 기르면
된다고?

인재의 기준이 획일적인 한국 사회가 인공지능의 위협을 느끼는 것은 이런 맥락에서는 자연스러운 일이라고 정 교수는 말했다. 그런 한편으로 '창의적인 인재를 길러내면 된다'는 식의 해법이 제시되는 데 대해서도 이의를 제기했다.

"스티브 잡스 같은 사람, 분석력 말고도 통찰력과 감성적 사고 능력까지 갖춘, 전뇌全腦적 사고를 하는 사람은 계속 중요한 역할을 하겠죠. 그렇지만 모든 인간이 그러기 힘들고, 설령 그런 인간도 일생 중에서 그 능력을 발휘하는 시간은 굉장히 짧습니다. 대부분의 시간 동안 인간은 기계에 비해 육체적 능력이, 인공지능에 비해 지적 능력이 떨어질 텐데 뭘 하며 살아야 할지가 문제인 거죠."

그렇다면 충분히 불안해하고, 공포를 느껴야 하는 것 아닐까? 정교수는 "해법을 찾는 방향이 잘못됐다는 것"이라고 했다. 그 역시 해법을 갖고 있지는 않다. 오히려 그 답이 당장 존재하지 않아야 한다고 했다. "다양성 가운데서 예기치 못한 혁신적인 해법이 나오는 것이 바람직한 사회"이기 때문이다.

인공지능 얘기부터 한참 했지만, 이 인터뷰의 세 가지 질문인 '현재 한국 사회의 문제' '이대로 지속될 경우 5년 후 한국의 모습' '그렇게 되지 않기 위해 지금부터 우리가 해야 할 일'들에 대해서 정 교수가 답한 핵심은 바로 '다양성 부족' 문제였다. 인공지능의 위협에 대한 분석과도 같은 방향이다.

정 교수는 "생물학에 의해서 하나의 시스템이 다양한 환경적 변화를 이겨낼 건강함을 가지려면 그 안의 다양한 요소들이 공존하고 협력하고 때로는 경쟁해야 한다는 것을 우리는 생물학에서 배웠다"면서 "다양성을 존중하지 않으면 건강하고 창의적인 사회를 기대할 수 없다"고 했다. 한국 사회에 다양성이 부족하다는 인식 자체는 새롭지 않지만, 그 심각성에 대한 진단은 전에 없이 강했다. "이대로라면 한국 사회는 심각하게 불행한 사회가 된다"는 것이다.

"우리 사회는 마치 다양성보다 중요한, 강력한 전 국가적 어젠다가 있는 것처럼 몰아가다가, 그 국가적 위협이 보이지 않게 된 후에도 언제 다시 나타날지 모른다는 식으로 부추기면서 다양성을 억눌러왔어요. 그것도 생각이 다른 사람에게 집단적 폭력을 가하는 수준으로요. 그래서는 사회가 건강할 수 없고, 변화에 대응할 능력을 갖출 수도 없죠. 무엇보다도 그 사회에 사는 개인들이 불행해집니다. 나의 관점이 존중받지 않는 사회, 타인의 관점을 강요하는 사회, 일사불란하게 움직일 것을 강요하는 사회에서 인간은 행복할 수 없습니다."

이와 관련해서 정 교수는 《위험한 생각들》이라는 책을 소개했다. 리처드 도킨스, 제레드 다이아몬드, 미하이 칙센트 미하이 등 저명한 학자들이 각자 가진 위험한 생각들을 모은 책이다. 국내에 2007년 출간된 책인데도 '인간은 인공지능에 대체될 것'이라는 주장부터, '학교는 전혀 쓸모없다' '인간과 동물은 차이가 없다' '범죄자가 아니라 범죄자의 유전자를 처벌해야 한다' 등 도전적인 의견들이 가득하다. 정 교수는 "감정적으로 굉장히 불편할 수도, 심지어 신념체계를 흔들 수도 있는 아이디어지만, 그 옳고 그름을 떠나서 특정 이슈에 대해 깊이 고민해본 사람들이 그런 새로운 생각들을 던지고, 사회가 이를 받아서 진지하게 고민할 수 있어야 한다"고 했다.

획일적 문화와 한 줄 세우기 교육의
참담한 미래

'다양한 생각들이 쏟아져 나오면 혼란도 생기지 않을까?' '일베 같은 차별적이고 혐오를 유발하는 의견들까지 퍼지는 것 아닐까?' 걱정될 수 있다. 이에 대해 정 교수는 "차별과 혐오는 당연히 법적으로 금지해야 한다"면서 하루빨리 차별금지법이 제정돼야 한다고 했다.

"표현의 자유가 존재하려면 차별금지법도 있어야 합니다. 인종, 성별 등에 대한 혐오발언, 모든 종류의 차별과 혐오가 잘 규제돼야만 표현의 자유가 건강하게 확대될 수 있으니까요. 그래야 다양성을 존중하는 문화도 생겨날 수 있습니다."

정 교수가 말하는 다양성이 필요한 이유는 첫째로 "행복하게 살기 위해서"다. 개인들이 자기 목소리를 낼 수 있어야 행복하고, 다르다는 것 때문에 사회적 압력을 받을수록 불행하기 때문이다. 또한 지금처럼 획일적인 문화가 지속되면 사회가 심각하게 불안해진다는 이유도 있다. 정 교수는 이 이야기에서 유독 "많이 걱정된다"고 했다.

"지금 우리나라에서 일하는 외국인 노동자가 150만 명입니다. 농촌으로 시집온 아시아권 여성들에게서 태어난 2세들은 이미 그 지역사회에서 심각한 차별을 받으며 살고 있습니다. 지역 주민들이 그들을 품고 함께 잘 살아가는 경우도 많지만, 아직도 우리 사회는 그

"표현의 자유가 존재하려면 차별금지법도 있어야 합니다.
인종, 성별 등에 대한 혐오발언, 모든 종류의 차별이 잘
규제돼야만 표현의 자유가 건강하게 확대될 수 있으니까요.
그래야 다양성을 존중하는 문화도 생겨날 수 있습니다."

들에게 동등한 기회를, 공감의 도움을 주지 못하는 것이 사실이죠. 심한 경우 배달 일을 못하는 경우도 있다고 해요. 손님들이 기분 나빠한다면서 채용해주지 않으니까요. 혹여 그들의 분노가 폭력적인 방식으로 표출된다면 우리 사회는 어떻게 될까요? 서구권과 같은 테러가 우리나라에서도 얼마든지 일어날 수 있습니다. 이제부터라도 '우리는 다 같은 시민'이라는 인식이 자리 잡도록 하고, 차별받던 사람들을 껴안아줘야 하는데 교육·문화·제도 중 어느 것 하나도 준비가 안 돼 있는 것 같아 저는 공포스럽습니다."

앞서 '국가적 어젠다'가 다양성을 억눌렀다는 분석처럼, 지금도 이런 우려들은 '경제성장이 먼저'라는 주장에 묻히곤 한다. 정 교수는 "경제성장을 위해서라도 다양성 존중 문화는 시급하다"고 했다.

한국 사회는 전체주의적·획일적 일사불란함 속에서 특정 산업을 키우거나 큰 스포츠 행사를 치르는 데 성공적인 모습을 보여왔다. 이는 누군가가 '나는 두뇌 역할을 할 테니 너희는 나의 수족이 돼라'고 하면 다수가 '시켜만주시면 열심히 하겠다'고 화답하는 문화 속에서 가능했다고 설명하면서 정 교수는 "지금은 더 이상 그런 방식이 통하지 않으며 '질적 성장'이 요구되는 시대"라고 했다.

"이제 경제성장보다는 개인의 행복 중심으로 가야 한다는 뜻이 아닙니다. 경제성장은 여전히 의미 있는 가치겠지만 그것을 위해서라도 지금부터는 개인을 억누를 것이 아니라 행복해지도록 돕고 좋아하는 것에 몰입하게 하고 창의적인 결과물로 승부하게 해야 한다는 것입니다. 새로운 생각들이 예상치 못한 혁신을 계속 만들어내는 사회여야 경쟁력이 있으니까요."

문제는 우리 사회 전체에 획일적 문화의 뿌리가 깊다는 것이다. 모든 학생들의 머릿속에 정확하게 같은 지식을 입력시키려 하는 초·중·고교 교육, 그 결과를 '한 줄 세우기'로 확인하는 역할을 담당하는 대학, 가장 유연한 뇌를 가진 시기인 20대의 청년들 상당수가 경험하는 군대 문화, 그리고 군대를 방불케 하는 기업 문화, 이런 것들이 당연하게 여겨지는 사회인 것이다. 정 교수는 "이런 방식을 유지하다가는 결국 개인은 극단적으로 불행해지고, 사회는 불안해지며, 경제적으로도 글로벌 경쟁에서 도태될 수밖에 없다"고 진단했다.

인문사회학 축소는 우리 사회의 불행

획일성이 어떻게 사회에 직접적으로 부정적 영향을 미치는지 잘 보여주는 곳이 바로 학계라면서 정 교수는 스스로 몸담고 있는 과학기술계의 예를 들었다.

"우리나라 과학자들은 새로운 이론이나 가설을 학계에 제안하는 경우보다 선진국 과학자들이 만든 이론과 가설을 검증하는 경우가 많습니다. 그걸 남보다 빨리 받아들이면 유능한 학자로 인정받는 문화가 있죠. 그래서 젊은 학자들이 좀 과격한 아이디어를 내놓으면 우리나라 학계에서 가장 먼저 거부반응을 보이는 경향이 있습니다. 이것 또한 '다양성 존중'이 부재한 데 따른 문제지요."

학계가 자본과 권력에 휘둘리는 문제도 있다. 과학기술 자체가 돈이 많이 드는 영역이다 보니 자금이 나오는 쪽의 입맛에 맞추게 된다는 것이다. 지금처럼 인공지능 열풍이 불면 갑자기 수조 원이 투자되거나, 많은 사람들이 급작스럽게 '뇌공학'이나 '인공지능 전문가'가 되고, 그 방향으로 연구가 쏠리게 되는 것이다. 이럴 때 어느 학자가 '적절하지 않다'고 말하면 학계 내부에서조차 '투자받을 좋은 기회인데 초 치지 말라'는 분위기가 있다고 전하면서 정 교수는 "줄기세포 연구가 그 선명한 사례였는데 인공지능 연구도 그 전철을 밟을까 걱정된다"고 했다.

이런 문제를 더 키우는 것이 '인문사회학의 축소'라고도 했다. 2016년 5월 정부가 공학 계열 대학 정원을 늘리고 인문사회 계열을 대폭 줄이는 '구조조정'을 발표하기 전 인터뷰였는데도 정 교수는 마치 예견한 듯 "자본주의 논리에 맞춰서 획일화하고 계획을 세우는 행태들이 우리 사회의 불행"이라고 진단했다.

"과학기술 연구가 유행을 타고 한쪽으로 쏠리면 많은 자원이 낭비됩니다. 국가경쟁력에도 큰 위협이 될 수 있어요. 그것을 견제해 줄 수 있는 중요한 역할이 인문사회과학자들에게 있습니다. 결국은 우리 사회가 어떤 방향으로 가야 하느냐, 어떻게 해야 행복하고 지속가능한 사회가 될 수 있느냐의 관점에서 비전을 세워야 하니까요. 그런데 대학들이 자본주의 논리에 따라 인문사회학자 외부 연구비 규모를 줄이고, 기업들 요구에 따라 인문사회 계열 정원을 축소하는 것은 심각한 문제입니다."

그러고 보니 인공지능이 가져올 미래에 대해 이스라엘 역사학자인 유발 하라리에게 묻고 또 물었으면서 국내 인문사회학을 축소한다는 데 문제의식이 없는 한국 사회가 새삼 부조리하게 느껴진다.

인공지능 공포, 과장됐지만 과제는 있다

이렇게 이야기는 다시 인공지능으로 돌아왔다. 정 교수의 진단은 시종일관 한국 사회를 향할 뿐, 인공지능 자체에 대해서는 그다지 걱정하지 않는 듯했다. 그 이유는 "알파고 이후로 사람들이 가지게 된 '강력한 인공지능'에 대한 공포는 아직은 과학적으로 근거가 별로 없기 때문"이라고 했다. 예를 들어서 '인공지능이 인간의 모든 능력을 다 추월하게 된다면, 그래서 사회의 통제권까지 가져가면 어쩌나.' 하는 생각 같은 것이다.

"알파고를 통해 우리가 새로 알게 된 것은 직관과 추론이라는 것이 인간 고유의 능력이 아니라 계산으로 얻을 수 있는 것이라는 점

"우리나라 과학자들은 새로운 이론이나 가설을
학계에 제안하는 경우보다 선진국 과학자들이 만든
이론과 가설을 검증하는 경우가 많습니다."

입니다. 언젠가 인간의 욕망, 감정, 그런 것을 느끼는 의식조차도 계산 가능해진다면 컴퓨터도 그런 능력을 가질 수 있겠죠. 뇌가 어떻게 그런 것을 느끼는지를 알게 된다면 컴퓨터에 넣어줄 수 있을 것입니다. 그렇지만 아직은 인간들 스스로가 그 생물학적 기제를 전혀 몰라요. 그래서 불가능합니다. 언제 가능하다고 말하기 힘들 정도로요. 아주 먼 미래에는 어떨지 모르겠지만요."

다만 인공지능의 계산이 고도화될 때의 문제가 있긴 하다. 어떻게 해서 그 값을 냈는지 인간이 이해할 수 없을 때의 문제다. 정 교수는 소설 《은하수를 여행하는 히치하이커를 위한 안내서》의 한 대목을 예로 들어 설명했다. 인간들이 엄청난 슈퍼컴퓨터를 만들어서 '이 우주와 세계에 대한 궁극적인 답이 무엇이냐'고 물었고 컴퓨터가 750만 년 동안 계산해서 얻은 값이 '42'였는데 그게 무슨 의미인지를 인간들이 이해할 수 없었다는 것이다.

"이세돌과의 대국에서 알파고가 어떤 수를 뒀는데 그게 무슨 의미인지 알 수 없어서 사람들이 당황하기 시작했었죠. 그와 마찬가지로 앞으로 인공지능이 의료에 사용될 때, MRI 결과 등 모든 정보를 분석해서 인공지능이 '이 장기를 잘라내라'고 판단했는데 그게 왜 그런지, 혹시 오류가 있는지를 의사가 알 수 없으면 어떻게 해야 할까요? 이처럼 기계가 도구의 수준을 넘어설 때, 인간이 통제력을 상실하고 의사결정을 의탁해야 할 시점에 혼란이 올 수 있어요. 이를 잘 다루는 것이 인류의 과제가 될 겁니다."

또한 인공지능에 대한 논의는 '기본소득'에 대한 논의로 이어질 가능성이 높다. 인공지능과 로봇이 일자리를 대체한다면 노동생산성은 크게 높아질 것이다. 그러나 생산된 물건을 구매할 인간들은 가난해지므로 소비할 돈이 없어 경제 자체가 돌아가지 않을 수 있다. 이 문제를 어떻게 해결할까 고민하다 보면 사람들에게 '생산에 기여를 못 하면 소비자로라도 자본주의 경제에 기여'할 수 있는 역할을 부여하기 위해 기본소득을 시도할 수 있다는 것이다. 사회주의적 관점이 아니라 자본주의적 맥락에서 기본소득이 논의되는 것이다.

정 교수는 "사회에 새로운 문제가 제기되었을 때 이에 대한 논의들을 진지하게, 순차적으로 이뤄가야 하는데 그러지 않고 '큰일났다, 우리나라 교육 싹 다 바꿔야 한다.' 식으로 진행돼서는 답을 찾을 수 없을 것"이라고 했다.

이날 인터뷰가 진행된 이태원동 경리단길의 공간은 정재승 교수가 건축가 두 명과 함께 운영 중인 건축회사 '마인드브릭 디자인 랩' 사무실이었다. '사람이 공간을 어떻게 인식하는가' '공간은 사람들의 소통과 심리 상태에 어떤 영향을 주는가'의 관점을 건축에 접목하기 위해 만든 회사라고 했다. 당연히 중요할 것 같은 그 관점이 지금까지 건축에 적용되지 않고 있다는 데 대한 문제의식으로 건축가들과 의기투합해서 설립했다고 한다. 그런 혁신성 덕분에 구성원이 모두 6명뿐인 작은 회사인데도 굵직한 공공 및 기업 건축 프로젝트에 참여해오고 있다고 했다.

이 설명을 들으니 정 교수가 사회에 대한 문제의식을 민감하게 느끼고, 그 답이 당장 존재하지 않는다는 것을 인정하면서도 비관적으로 보지 않는 이유를 알 듯했다. '다양한 생각들이 빚어내는 예기치 못한 혁신'의 예를 스스로 보여주고 있기 때문이 아닐까.

사회에 대해 고민하다 보면 필연적으로 정치에 대해서도 고민하게 되는데, 교수님은 한국 정치를 어떻게 보십니까?

제가 볼 때는 정치에도 비슷한 문제가 있습니다. 합리적인 토론이 이뤄지고, 나와 다른 생각과 관점들도 공존하는, 다시 말해 다양성이 존중되는 정치가 이뤄지지 않는다는 게 문제지요. 저는 정치인들이 문제라기보다는 정치 시스템이 문제라고 봅니다. 아무리 사람들이 정치를 개혁하고 싶어도 어떤 정당에서 중요한 인물이 되고, 영향력을 행사하게 되기까지의 인센티브 시스템이 지금과 같아서는 어렵습니다. 국회의원들이 입법 활동을 통해 현실을 개선해 나가려면 의정활동을 성실히 하고, 적절한 법안을 만들어 제시하고, 이를 통과시키기 위해 상대 당 정치인들과도 끊임없이 토론하고 협의해야 하는데 우리나라 정당에서는 그런다고 인정해주지 않고, 공천해주지도 않으니까요. 그보다는 선거에서 이길 가능성이 높은가, 누구의 계파인가에 따라 판단을 하지요. 이것은 제도적 개선이 필요한 문제이지 사람을 바꾼다고 될 문제는 아닌 것 같습니다. 누가 들어가도 결국 똑같이 할 수밖에 없지 않을까요? 미국 오바마 대통령이 '헬스케어' 법안 통과를 설득하기 위해 상원의원들을 하나씩 만나서 설득하고 성향이 다른 정치인과도 논리적으로 대화를 하여, 나중에는 그 정치인이 설득이 돼서 지지를 선언하기도 했는데, 이런 것이 멋진 정치 아니겠습니까? 이런 일이 가능하려면 정당이 하나의 지향점을 가지고 체계적으로 목소리를 내야 하고, 소신 있게 입법 활동을 하는 정치인을 크게 쓰면서, 사회에서도 이런 정당과 정치인들을 높이 평가해야 하겠죠. 우리 정치에도 이런 변화가 나타나야 합니다.

과학기술의 발전이 민주주의에 기여할 수 있다면 어떤 측면일까요?

우리 사회가 좀 더 좋은 의사결정을 내리려면 정확한 정보의 공유가 중요합니다. 정보가 비대칭적이면 왜곡이 일어나게 되니까요. 그런 의미에서 IT를 통해 정치에서 흥미로운 실험이 가능할 거라고 봅니다. 모든 사람들에게 충분하고 적절한 정보가 제공되고 이해되도록 하면 국민들이 주요 결정을 직접 하는 방식, 즉 직접민주주의를 통해서도 좋은 의사결정이 이뤄지는지에 대한 실험 말입

니다. 혹은 이 의사가 반영되면 대의민주주의가 얼마나 더 좋아지는
지에 대한 실험도 될 수 있겠지요. 지방정부 단위의 정책결정 과정
에서는 더 효과적일 수도 있고요. IT기술이 이런 시도를 통해서 정
치발전에 기여할 수 있었으면 합니다. 제4차 산업혁명으로 오프라
인 국민의견이 온라인 데이터로 모일 수 있다면, 직접민주주의의 기
틀이 마련될 수 있다고 생각합니다.

**우리 사회가 변하고는 있다지만 어떤 부분은 잘 변하지 않습
니다. 그중 하나가 일단 대학은 잘 가야 한다는 생각이 아닐
까 합니다. 1960년대나 지금이나 큰 차이가 없어 보이기도
하는데, 어떻게 보시나요? 혹은 어떤 사회에서나 엘리트는
배출돼야 하는 걸까요?**

저는 오히려 과거보다도 엘리트주의가 더 공고해지고 있
다고 봅니다. 성공하려면 서울대에 가야 한다는 욕망이 더 노골적으
로 나타나고, 이 방향으로 경쟁이 가속화되고 있습니다. 또 입시를
위해 투입할 수 있는 자원의 크기도 확대되면서 경쟁이 더 과열되고
있기도 합니다. 이미 사회는 더 이상 서울대 출신이라고 출세와 성
공을 보장해주지 않는데도 이렇게 심화되는 것은, 그것조차도 갖지
못하면 더 어렵다는 불안감 때문이지요. 불안감을 이용하는 사교육
시장의 상업적인 마케팅 영향도 있고요.

어떻게 해야 이런 흐름을 멈출 수 있을까요?

무엇보다 대학이 학생들을 한 줄로 세우는 것부터 그만 둬야 합니다. 저는 개인적으로 대학이 각자의 기준으로 학생을 뽑을 수 있도록 해야 한다고 보는데요. '내가 더 뛰어나서 이 대학에 간다.' 하는 게 아니라 '이 대학의 철학과 운영방식, 교수진 등이 나와 맞아서 선택한다'는 쪽으로 되도록, 대학들이 학생 선발 방식을 바꿔나가야 합니다. 숫자로 표현되는 게 아닌 다양한 기준들을 찾아내야 할 겁니다. 그러려면 대학이 서열화돼 있어서는 안 되죠. 한 줄로 대학과 학생을 세워서 짝짓기하는 지금과 같은 방식은 매우 위험합니다.

그다음이 기업인데, 저는 기업은 생각보다 바뀔 가능성이 높은 편이라고 생각합니다. 지금처럼 기업을 운영하면 망한다는 것을 한 5~10년 안에는 우리 사회가 경험하게 될 것으로 보는데요. 특히 큰 기업이 망하는 것을 목도하게 되면, 빠르게 변할 것입니다. 그러는 사이에 다양성을 존중하는 창의적인 문화를 통해 혁신을 보여주는 기업들이 나타날 것이고, 또 이런 문화를 빠르게 받아들이는 스타트업들의 성장을 보게 되면 기존의 기업들도 바뀔 수밖에 없습니다. 그래서 저는 불행한 일이긴 하지만 그런 상황이 우리 사회에 도움이 될 수 있다고 생각하는 편입니다.

지금의 스타트업 생태계는 긍정적으로 보시나요? 1990년

대 말의 벤처기업 붐과 비교하면 각 단위의 도전 과제의 규모들이 작고, 한쪽으로 쏠려 있다는 지적도 있습니다.

저는 긍정적으로 보는 편입니다. 물론 1990년대에 의미 있는 시도들이 있었고, 지금의 네이버 같은 기업들이 그런 과정에서 만들어졌죠. 그렇지만 저는 도리어 지금 건강한 스타트업들이 더 많다고 봅니다. 예전에는 눈먼 돈이 훨씬 많았습니다. 거품도 심했고요. 우리나라에서뿐만 아니라 전 세계적으로 IT버블이 문제였습니다. 전체적으로 보면 당시 벤처에 뛰어든 사람들도 '벤처정신'이 부족했고, 모험하려는 마음도 크지 않았습니다. 소수 살아남은 기업들이 인상적이었을 뿐입니다. 그에 비해서 지금은 '기업가 정신'의 측면에서 좀 더 성숙해져 있습니다. 대학들도 그동안 학생들에게 그런 측면을 가르쳐왔고, 구글, 페이스북 등 실리콘밸리 출신의 현존하는 전설적 조상 기업들의 모델이 있으니까요. 1990년대에는 존재하지 않았던 가이드라인이 지금은 있다고 할 수 있습니다.

너무 청년층만 모여 있지 않느냐 하는 우려도 보이는데, 한 직장에서 일하는 기간이 짧아지는 추세 속에서 퇴직하게 된 사람들 중에 기술을 가진 사람들도 스타트업으로 꾸준히 들어오고 있어, 그런 걱정은 하지 않아도 될 것 같습니다. 그나마 스타트업들 안에서 좋은 아이디어들이 발굴되고, 실패를 거듭하면서도 도전이 이뤄지고 있기 때문에, 이런 노력들이 사회 혁신에도 기여할 것으로 봅니다.

물론 모두가 다 혁신적인 건 아니겠지요. 취직이 어려워서 친구들끼리 '창업이나 해볼까.' 하고 모여 있는 경우도 많습니다. 정부가 창업지원에 워낙 많은 돈을 풀다 보니까 그 속에서 어찌어찌 연명하는 곳들도 보이고요. 벤처캐피털, 엔젤투자자들이 냉정하게 평가해서 지원하기만 하면 그 자체로 스타트업 생태계는 건강해집니다. 정부는 대기업과 중소기업, 스타트업이 서로 공존하고 경쟁하고 협력할 수 있는 경제 생태계를 제대로 만들어주어야 합니다. 규제는 풀되, 불공정한 관계가 만들어지지 않도록 감시하고 노력해야 합니다. 기울어진 운동장에서 경기를 하라고 하면 안 되지요. 마지막으로, 여러 번 실패한 사람들이 고통스럽게 배운 교훈을 가지고 다시 재기할 수 있는 사회적 안전망이 꼭 필요합니다. 이들을 위한 사회적 안전장치는 '혁신 안전망'으로 역할을 하게 될 겁니다.

이런 시대에 필요한 기업가, 리더는 어떤 사람이어야 할까요?

저는 알파고 대국을 지켜보면서 구글 딥마인드라는 기업 자체가 새로운 형태의 리더상을 보여준다는 생각을 했습니다. 대학 졸업하고 회사를 차려서 '심파크 신디게이트와 테마파크'라는 게임을 만들어서 팔고, 그렇게 돈을 번 사람이 다시 대학에 가서 박사과정 하면서 아이디어를 얻고, 박사 받은 후에 회사를 차려서 연구를 비즈니스로 연결시키고… 이런 과정을 거친 사람들이더라고요. '알파고'를 개발한 것만 봐도 신기하지 않습니까? 바둑이 어떻게 돈이 되는지, 수익모델이 뭔지 당장은 보이지 않으니까요. 그런데도 열정적으로 개발해서 자신들의 존재를 드러내고, 그러면서 의료데이터 분석, 주가예측 등 돈 되는 일도 합니다. 학자, 연구자, 비즈니스맨 중 어느 하나로 규정할 수 없는 형태로 움직이면서 똑똑한 사람들을 끌어당기고, 하고 싶은 일을 해내는 게 멋있지 않습니까? 그게 21세기형 리더의 모습일 것입니다. 우리 청년들도 이렇게 일했으면 좋겠고, 저도 그러고 싶습니다.

건축회사 '마인드브릭 디자인 랩'을 만드신 것이 그런 시도 아닌가요? 이 회사를 통해 해보고 싶은 일이 무엇인지 조금 더 설명해주시겠습니까?

'마인드브릭'이라는 이름에는 '마음이 하나의 벽돌이 되어서 세상을 축조한다'는 뜻이 들어 있습니다. 저는 그동안 건축가들이 건물을 지으면서 그 안에서 생활하는 사람들이 어떤 방식으로 이 건물을 받아들이고 경험하게 될까를 생각하지 않아왔다는 것을 알고 깜짝 놀랐습니다. 그보다는 건축 관행, 경험, 예술적 직관만으로 건물의 용도, 무엇보다 법규에 부합하는 건물을 짓고 있더라고요. 저같이 뇌를 연구하는 학자가 보기에는 건물이야말로 물리적 구조물이 아니라 인지적 구조물입니다. 사람들이 인지하기에 따라 같은 면적이 넓게 혹은 좁게 느껴질 수 있고 편안한 곳, 집중할 수 있는 곳, 소통을 만드는 곳이 될 수 있습니다. 공간을 이용하는 사람의 마음에 어떤 영향을 끼치는지 모르고 건물을 짓는다는 것은 안타까운 일이지요. 이 회사를 통해서 돈을 많이 벌고 싶은 욕심은 없습니다. 마음을 읽고 건축을 하면 얼마나 다른 건축물이 나오고, 그 공간에 있는 사람들에게 얼마나 다른 경험을 제공할 수 있는지 경험하게 해주고 싶습니다. 지금 이 공간도 4~5명이 일하면서 난상토론을 벌이기 위해 딱 좋은 크기와 형태로 만든 것입니다. 이런 사례들을 만들어가고 싶습니다. 무엇보다, 다른 관점에서 건축을 바라보는 일이 우리 사회에 유익하다는 것을, 공간 안에서 살아갈 인간 중심으로 건축을 바라보는 것이 의미 있다는 것을 증명해 보이고 싶습니다.

화석연료시대의 종말

윤순진
서울대 환경대학원 교수

**에너지정책이
세상을 바꾼다**

환경에너지 정책 관련 연구 활동을 하고 있으며, 독일 총리실 산하 지속가능발전위원회 초청으로 독일의 지속가능발전 정책에 대한 검토 보고서 작업에 참여했다. 서울대학교 환경대학원 교수이자 부원장으로 재직 중이며. 환경부 중앙환경정책위원회 위원, 서울시 원전하나줄이기 실행위원회 위원, 기획재정부 부담금운용심의위원회 위원, 산업통상자원부 신재생에너지심의위원회 위원, 한국환경사회학회 부회장, 한국환경교육학회 부회장, 한국공간환경학회 부회장, 한국정책학회 운영이사, 한국기후변화학회 이사 등을 맡고 있다. 《환경사회학: 자연과 사회의 만남》《환경정책의 역사적 변동과 전망》《환경행정학》(이상 공저) 등의 책을 쓰고, 《생태논의의 최전선》(공역)《에너지란 무엇인가》 등을 번역했다.

"시대는 이미 바뀌었어요.
전 세계가 그에 맞게 대응하고 있습니다.
우리만 계속 이대로 버티면 어떻게 될까요? 도저히 버틸 수 없는
시점에 가서 급격한 변화를 강요당하게 되죠. 그럴 때의 변화는
폭력적인 형태가 됩니다. 그 충격에서 자유로울 수 있는
사람은 없다고 봅니다."

"

인터뷰 내내 빠르고 높은 목소리에 걱정과 답답함, 안타까움이 담긴 말투였다. 2016년 4월 2일에 만난 윤순진 서울대 환경대학원 교수는 마침 컨디션이 그리 좋지 않다면서도 2시간이 훌쩍 넘도록 잠시도 쉬지 않고 말했다. '한국 사회 진단' '이대로 갈 때의 5년 후 한국 사회 예측' '개선하기 위해 지금부터 해야 할 일'이라는, 인터뷰의 공통질문을 이번에도 똑같이 했는데 윤 교수는 "저는 아무래도 환경과 에너지의 관점에서 생각할 수밖에 없어요."라고 했다. 그리고 이렇게 말했다. "사실 따져 보면 환경·에너지와 관련 없는 게 뭐가 있겠습니까?"

에너지 위기 대응 못 하면
도미노처럼 무너진다

앞의 두 질문에 대한 윤 교수의 답은 "한국의 경제, 사회, 산업, 공동체 등 여러 측면이 다 위기에 처해 있고 앞으로 더 심각해질 것으로 보이는데, 그 원인과 해법의 상당 부분이 환경과 에너지 문제에 직결돼 있다"는 것으로 정리할 수 있다. 윤 교수는 "이런 이야기를 할 때마다 비현실적이라는 말을 많이 듣는다"고 덧붙였다. 환경과 에너지 이슈에 대해 한국 사회가 보이는 반응을 응축한 말이다. "그렇지만 단언컨대 국제사회 관점에서는 이 얘기가 지극히 정상이고 현실적"이라고 윤 교수는 강조했다. 특히 환경 관련 논의가 늘 경제논리에 밀리곤 하는 데 대해 "경제, 경제, 하는데 기후변화에 영향 받지 않는 경제가 어디 있느냐"고 했다.

인터뷰를 한 날은 4월 초였지만 이례적으로 더운 날씨였다. 윤 교수는 "사람들 옷차림이 하루 만에 확 달라졌더라"면서 "이렇게 날씨가 조금만 더워져도 사람들이 소비하는 음료와 옷에서부터 냉난방 형태, 여가생활, 야외 작업 환경 등이 다 달라진다"고 했다. 1차산업인 농림·어업·축산업뿐만 아니라 그 원료가 투입되는 2차산업, 사람들의 삶을 반영하는 3차산업이 다 달라지며, 궁극적으로 전 산업과 사회에 영향이 끼친다는 것이다.

"기후가 변하고 에너지에 대한 세계의 대응 방식이 변하면 산업도 변하는 게 당연한 수순입니다. 15~20년 후면 현존하는 산업 대부분이 없어질 수도 있어요. 그에 대응하지 않는 것이야말로 경제에 대해 무책임한 태도 아닐까요?"

단적인 예가 자동차산업이다. 미국 기업 테슬라의 공격적인 신모델 출시로 급물살을 타고 있는 전기차로의 이행 추세를 상기시킨 윤 교수는 "그저 신기해할 일이 아니다"라고 했다. 전기차는 연료를 태우는 내연기관이 필요 없기 때문에 국내 자동차산업 상당 부분을 차지하는 엔진부품산업이 직접 타격을 받게 되고, 빨리 대응하지 않으면 다른 부문들까지 도미노처럼 영향을 받는다는 것이다.

"자동차 판매·유지보수·주유·폐차·보험 등 업종까지 따지면 우리 국민 다섯 명 중 한 명이 자동차산업과 연관이 있다는 분석도 있던데, 자동차산업의 판도가 바뀌는 것을 이렇게 남 일 보듯이 해도 될까요? 에너지와 기후변화 문제는 북극곰 죽는 얘기, 어디 먼 나라 태풍 이야기가 아니라 이렇게 우리 일자리, 생활과 직결되는 문제입니다."

'화석연료시대 종말' 대한민국만 외면하고 있다

그렇지만 윤 교수가 피부로 느끼는 산업계 반응은 무관심에 가깝다. 얼마 전 중소기업 관련 행사에 초청돼 강의하러 갔는데, 앞선 강의 때 자리를 꽉 채웠던 중소기업 CEO들이 '기후변화' 강의 때는 열 명 남짓으로 줄었단다. 윤 교수는 "2015년 12월 프랑스 파리에서 열린 제21차 기후변화 당사국 총회가 열렸을 때 구글, 애플 등 세계 대표 기업들은 '반드시 협정이 체결되길 바란다'는 편지를 보냈는데, 국내 기업들은 그런 사실을 알고나 있는지 모르겠다"고 한탄하면서 "물론 정부와 언론의 책임도 크다"고 했다.

"2015년 '파리협정' 체결의 의미는 이제 세계가 '화석연료 에너지원에 기댄 삶은 가능하지 않게 됐다'는 데 동의했고, 다른 삶으로의 이행을 본격적으로 시작했다는 것입니다. 총회 직후 전 세계 언론들은 일제히 '화석연료시대의 종말'을 전면에 다루면서 그에 대한 준비 상황을 진지하게 돌아봤습니다. 우리 언론은 어땠습니까? 우리 정부는 어떤 메시지를 주고 있나요?"

화석원료가 아직도 1차에너지의 80% 이상을 차지하는 점도 문제지만, 전자기기의 일상화에 따라 전기가 점점 더 많이 필요한데도 원자력발전 확대로 전력 공급을 늘리려 할 뿐 다른 대책이 없다는 점도 대한민국의 심각한 문제라고 윤 교수는 지적했다.

'알파고' 대국 이후 인공지능이 불러올 미래 사회에 대한 관심이 커졌을 때도 '인공지능도 결국 전기로 작동될 텐데, 사회 전반을 지배하게 된다면 그 전기는 무엇으로 충당하나?' 하는 걱정부터 들었다고 한다. 이는 곧 에너지원을 태양광, 풍력 등 재생가능에너지로 전환해가야 한다는 주장과도 연결되지만 윤 교수는 "그것만으로는 충분하지 않다"고 했다. "지금 소비하는 에너지 수준을 유지하면서 이를 재생가능에너지로 충당하기는 어렵기 때문"이라는 것이다.

"에너지 소비, 나아가서 물질적인 소비 자체를 줄이는 방향으로 가야 합니다. 이미 이 시대를 사는 우리는 지구 전체 생태용량의 1.5배를 쓰고 있어요. 미래 세대가 쓸 것까지 가져와서 쓰고 있는 거죠. 심지어 인류세(Anthropocene)라는 표현도 있어요. 이 시대가 지질시대로 치면 신생대 제4기 '충적세'인데, 지금 우리가 지구에 미치는 영향이 너무나 커서 '인류세'라는 이름으로 따로 불러야 한다는 것이죠. 이런 방식은 지구가 감당할 수 없고, 이제는 멈출 때라는 것을 한시라도 빨리 인정해야 합니다."

위험 알면서도 원전 지지하는 비극적인 사회

이에 대해서도 '누가 그걸 모르느냐'는 반응, '에너지 절약은 지금도 하는데 더 이상 어떻게 하란 말이냐'는 반응도 적지 않게 들어본 듯 윤 교수는 바로 이어서 말했다.

"이탈리아에 가보면 전기를 얼마나 열심히 아끼는지 모릅니다. 지붕은 물론이고 창문마다 태양광 패널이 붙어 있어요. 우리는 왜 그 정도로 하지 않을까요? 전기요금이 그만큼 비싸지 않기 때문이죠. 왜 비싸지 않을까요? 우리나라 발전 방식은 대규모 석탄화력과 원자력 발전을 통해 대용량으로 전력을 만들어내는 방식이기 때문입니다."

발전사업자 입장에서는 전기를 되도록 안 남기고 바로바로 팔아야 이득이 커진다. 전기 저장이 어렵기 때문이다. 여기에 발전에 따르는 사회·환경 비용이 반영되지 않으니까 전기료를 싸게 유지할 수 있다. 발전사업자로서는 소비자가 전기를 아끼도록 권장할 이유가 없는 것이다. 문제는 이런 입장이 정부 정책에 그대로 반영된다는 것이다.

윤 교수는 "환경의 중요성을 깊이 인식하느냐가 중요하기는 하지만 사람들의 행동방식을 직접적으로 바꾸는 것은 경제적 동기"라면서 "이 동기가 부여되기만 하면 시민들이 지혜를 짜내서 덜 소비하는 사회로 갈 수 있는데도 그렇게 하지 않는 정부, 국가권력에 문제가 있다"고 진단했다. 심지어 소규모 사업자들이 태양광, 풍력으로 전기를 생산하면 이를 한국전력에서 사주던 '발전차액보전제도'조차 없어졌고, 국가 소유 건물들조차도 옥상에 태양광 패널을 설치하는 데 대해 공시지가 기준의 사용료를 요구해서 엄두를 못 내게 만든다고 지적하면서 "정부 정책이 이런 식인데 재생가능에너지 발전이 늘어날 수가 있겠느냐"고 했다. 정부의 이런 태도에 대해 윤 교수는 "지금의 방식으로 부를 얻고 사회적 지위를 누리는 소수의 기득권들을 중심으로 의사결정이 되기 때문"이라고 잘라 말했다.

"세계적인 추세를 보면 이제 환경에 악영향을 끼치는
산업은 수출도 하기 어려워질 겁니다. 그때가 돼서 갑자기
산업 방향을 틀려고 하면 그 충격에 쓰러지는 쪽이 생기게
됩니다."

"세계적인 추세를 보면 이제 환경에 악영향을 끼치는 산업은 수출도 하기 어려워질 겁니다. 그때가 돼서 갑자기 산업 방향을 틀려고 하면 그 충격에 쓰러지는 쪽이 생기게 됩니다. 물론 기업은 거기까지 보지 못할 수 있지만, 정부는 봐야죠. 산업이 체질을 개선할 수 있도록 유도해야죠. 그런데 주로 어떤 기업들하고 논의합니까? 에너지 많이 쓰는 기업들입니다. 그러니 깜깜할 수밖에요."

후쿠시마 사고가 이미 '원자력 안전 신화는 끝났다'는 것을 분명히 알렸는데도 여전히 원자력을 유일한 대안으로 믿는 우리에 대해 '비극적인 사회'라고도 했다. 이명박 정부 당시 아랍에미리트 원전 수출 이슈로 인해 우리 국민의 원자력발전 지지도는 90%를 넘었다. 일본 후쿠시마 사고 이후 80%대로 떨어졌다가 최근 다시 89.4%까지 올랐다. 윤 교수는 "그런데 원자력발전이 안전하다고 보는 비율은 얼마인지 아느냐"고 물었다.

"43%밖에 안 됩니다. 위험한 줄 알면서도 지지하는 거죠. '경제를 위해' '먹고살기 위해' 다른 대안이 없다고 생각하는 겁니다. 그게 비극이 아니면 뭐겠습니까?"

윤 교수는 "이명박 정부에서 문제가 된 자원외교라는 것이 대부분 에너지문제와 연결되고, 화석연료를 기반으로 하기 때문에 그런 방식은 어차피 한계가 분명하다고 당시에도 지적했었다"면서 "만일 태양광, 풍력발전 등 재생가능에너지 기술을 개발하는 쪽으로 '에너지 기술 수출'을 추진했다면 국가 경쟁력에도 도움이 되고 의미가 있었을 것"이라고 했다.

따라서 '기후변화 위험을 택할래, 원자력 위험을 택할래?'라는 질문은 잘못됐다고 윤 교수는 지적한다. 에너지 효율을 개선하고, 덜 쓰는 방법들을 찾아내면서, 재생가능에너지를 늘리면 이 두 가지를 모두 피해갈 수 있다는 것이다. 그러니 더 이상 위협적인 질문으로 국민들에게 답을 강요하지 말아야 한다는 주장이다.

에너지 절약으로 '우리 동네'가 살아난다

다만, 인터뷰의 세 번째 질문 '앞으로 무엇을 해야 하는가?'에 대한 답은 "시민이 변해야 한다"는 것이었다. 정부와 기업의 문제를 집중적으로 제기한 것을 감안하면 의외였다. 그 이유는 "그래야 정부와 기업을 변화시킬 수 있기 때문"이다.

"유권자가 환경정책을 중요한 판단 근거로 삼으면 정치인들은 바로 환경을 살릴 방법을 고민하고 법안을 내놓을 겁니다. 그런 평가 기준이 없으니까 안 하는 거죠. 기업도 마찬가지입니다. 제가 '시민들이 변해야 한다'고 칼럼을 쓰니까 바로 '기업보고 아끼라고 해야지 왜 시민보고 그러느냐'는 말이 들려오던데, 어디에 가치를 둘 건지, 판단의 우선순위를 어디에 두어야 하는지에 대한 기준을 시민들이 제시해야지, 기업들 스스로 세우기는 어렵습니다."

　시민들부터 전기를 덜 쓰고, 재생가능에너지로 전기를 생산하면 자연히 기업들에게 '우리도 이렇게 아끼면서 전력을 생산하는데 너희들은 왜 변하지 않느냐'고 압력을 주게 된다. 윤 교수는 "전기를 아껴본 사람은 대낮에 전등이 환하게 켜진 것만 봐도 마음이 불편해서 그냥 못 넘어가지 않느냐"고 했다. 윤 교수의 집에도 발코니에 500W급 태양광발전 패널을 설치했는데 그 뒤로 식구들이 더 적극적으로 전기를 아끼고 다른 자원도 절약하려고 한단다.

　"언어학 교수인 남편은 평소에는 에너지문제에 큰 관심이 없었는데, 태양광발전을 경험한 뒤에야 수업시간에 블라인드를 내린 채 전등을 켜고 지냈다는 것을 깨달았다고 해요. 그 이후로는 되도록 블라인드를 올리고 자연채광으로 수업을 한답니다."

　이런 맥락에서 높이 평가하는 것이 서울시의 '원전 하나 줄이기' 사업이다. 2012년 원자력발전소 1기가 생산하는 에너지인 200만 TOE(석유환산톤) 절감을 목표로 시작돼 목표기한으로 정했던 2014년 말보다 6개월 앞당겨 2014년 6월에 이를 달성하고, 현재 '2020년까지 에너지 자립률 20% 달성, 에너지 400만TOE 절감, 이산화탄소 발생량 1000만 톤 감축'이라는 목표의 2차 단계에 접어든 사업이다. 윤 교수는 "언론이 제대로 다루지 않아 시민들에게 알려지지 않은 게 안타까운데 상당히 의미 있는 실험"이라면서 "특히 '에너지 자립마을'을 중심으로 주민들이 자발적으로 에너지를 줄여가고 있다는 점에 주목할 필요가 있다"고 했다.

"주민들이 모여서 전기 덜 쓰는 방법을 공유하고, 성과를 비교하고, 그 수치에 자부심을 느끼면서 관계가 회복되고 공동체가 살아나더라고요. 사실 서울에서 '동네' '마을'이라고 하면 저도 어색했어요. 예전에 딸아이가 학교 사회 수업에서 '우리 동네 알아오기' 숙제를 내줬다기에 '우리 동네가 어디야? 어디까지가 우리 동네지?' 했었죠. 그런데 이런 주민 활동을 통해서 마을 개념이 다시 만들어지는 걸 직접 보니까 저도 신기해요."

농촌문제의 돌파구를 에너지정책에서

윤 교수는 농촌문제도 환경을 기준으로 보면 답을 찾을 수 있다고 했다. 이 내용은 에너지안보, 식량안보, 물안보라는 큰 맥락의 이야기를 하던 중에 나왔다. 이 부분에 대한 윤 교수의 문제의식은 깊어 보였다. "우리나라 경제는 이미 수출입 의존도가 과도하게 높은 상태인데 지금까지는 별 문제가 없었지만 환경이 중요한 기준이 되면 심각한 문제가 생길 수 있다"는 이유다.

이 설명에 앞서서 윤 교수는 '가상수'(virtual water) 개념을 전했다. 영국 런던 킹스칼리지의 토니 앨런 교수가 물 자원에 대한 경각심을

"우리나라 식량자급률이 22%에
불과한데, 이는 기후변화시대에 큰
문제일 수 있습니다. 우리나라에 농산물,
고기를 수출해주는 나라의 물 자원
여건이 계속 좋으리라고
가정할 수 없으니까요."

높이기 위해 제시한 '가상수'는 식품·제품이 생산돼 소비되기까지 들어간 물의 총량을 말한다. 예를 들어 커피 한 잔(1250㎖)을 만들기 위해 필요한 가상수는 140ℓ이고, 햄버거 한 개에는 2400ℓ가 필요하다. 커피와 토스트, 베이컨 한 쪽, 계란 두 개, 우유 한 잔, 사과 등 평범한 서구식 아침식사 1인분에 욕조 세 개 분량의 물(가상수)이 소비된다는 식으로도 설명할 수 있다. 문제는 우리나라가 이 가상수 순수입량이 세계 5위 수준으로 높다는 것이다. 농산물 수입량이 많기 때문이다.

 "우리나라 식량자급률이 22%에 불과한데, 이는 기후변화시대에 큰 문제일 수 있습니다. 우리나라에 농산물, 고기를 수출해주는 나라의 물 자원 여건이 계속 좋으리라고 가정할 수 없으니까요. 그 나라의 물 자원 여건이 나빠져서 농작물 생산을 못 하게 되면 가격이 엄청나게 올라갈 것이고, 우리는 그 부담을 져야 합니다."

 다시 말하면, 지금까지는 국내에서 생산한 포도보다 칠레에서 수입한 포도 가격이 더 쌌다면 수입량을 늘리고 국내 포도 농장을 없애는 것이 경제적이었다. 그런 식으로 국내 농업의 가치가 낮게 평가되고 수입산 농산물 비중이 커져왔다. 그런데 국제적 추세로 볼 때 갈수록 '환경'이 중요한 기준이 될 것이고, 그렇게 되면 이런 가치 판단과 그에 따른 시스템 전반이 개편될 수밖에 없다는 것이 윤 교수의 지적이다. 이 경우 국내 농업의 가치가 훨씬 높아질 것이고, 지금처럼 고령 인구들이 지탱해온 농촌에 혁신이 필요해지게 된다.

 "농업을 더 지원하라는 말이 아닙니다. 지금도 농업에 '밑 빠진 독에 물 붓기' 식으로 국가예산이 들어갑니다. 무엇을 위해 농업을 지원해야 하는지에 대한 사회적 합의가 없다 보니 오히려 전기를 더 많이 사용하는 대농大農 육성 방식, 대규모 냉장창고 건축 지원 등 전력소비를 늘리는 방식으로 지원하는 것이 문제입니다. 지원의 이유를 '식량안보' '물안보'라는 측면에서 명확하게 해야 합니다."

혹은 지금 가장 큰 국가적 어젠다라고 할 수 있는 일자리, 청년실업 문제에 대한 답을 여기서 찾을 수도 있다고 했다. "어차피 지금 있는 일자리들이 대거 사라질 가능성이 높은데, 앞으로는 줄이고 아끼는 게 일(일자리)이 되는 사회가 됐으면 한다"고 윤 교수는 말했다. 에너지 절감을 위한 산업의 비중이 커지고, 거기서 많은 일자리가 나오는 게 바람직한 방향이라는 뜻이다.

윤 교수는 "도시에서의 경쟁적 삶에 지쳐서 좀 느리고 덜 소비하는, 더 소박하고 가치 있는 삶을 살고자 하는 청년들이 자진해서 귀촌을 하고 있는데, 이들을 잘 정착시키는 것이 국가와 환경, 미래를 위해 아주 중요한 일이라는 것을 국가와 지방정부들이 알았으면 한다"고 했다. 농촌에서도 자녀교육과 의료시설 이용 등에 어려움이 없도록 지원하는 것 등의 정책이 필요하다고 덧붙였다. 또한 윤 교수는 "기존 농민들의 수익을 보전하고 귀촌인구의 정착을 돕는 가장 현실적이고 바람직한 방법이 태양광·풍력으로 생산한 전기를 팔아서 수익을 얻도록 하는 것"이라고 했다.

"농촌은 건물 그림자가 적어 도시보다 태양광발전에 더 좋아요.

휴경지에 직불금을 주는 등 각종 지원정책이 큰 실효성이 없는데, 그 땅에 태양광발전 설비를 만들도록 해서 그 전기를 사주면 다른 에너지원도 줄이고, 농민에게 안정적 소득도 보장해줄 수 있어요. 요즘은 농토 위에 기둥으로 층을 높여서 태양광 패널을 설치하는 방법도 있어요. 농사를 지으면서 전기를 생산할 수도 있는 것이죠. 여기에 도시민들이 협동조합 등을 통해 출자해서 참여하면 연금보다 나은 소득을 얻을 수도 있습니다. 이런 게 창조경제 아닙니까?”

재생가능에너지를 이용하고 에너지를 줄이는 게 직업이 되고, 산업이 되고, 농촌이 활력을 되찾는 계기가 되고, 도시에 동네와 마을이 살아나게 해주고, 환경과 에너지에 대한 의제가 정치인에 투표하거나 기업의 제품과 서비스를 선택하는 기준이 되는 사회. 윤 교수가 두 시간 반 동안 쉬지 않고 말한 내용을 정리하면 그런 이상理想이 그려진다. 지금처럼 에너지를 쓰다가는 절벽까지 몰리게 된다는 위기의식에서 시작됐던 이야기가 이렇게 귀결되니 묘한 일이다.

윤 교수는 “그게 독일 사회학자 울리히 벡이 저서 《위험 사회》에서 말한, 심각한 재난 등의 파국 상황에서 도리어 길을 찾는다는 뜻의 ‘해방적 파국’이 아니겠느냐”고 했다.

“예언자가 하는 말이 안 맞는 이유는 사람들이 예언에 나온 상황을 피해 가기 위해 지금부터 노력하기 때문이라고 하잖아요? 지금부터 다르게 행동하면 미래는 달라질 수 있습니다. 우리 한 사람 한 사람이 먼저 시작하면 됩니다.”

INSIDE INTERVIEW

우리나라가 이렇게 환경 이슈에 대한 대응에 뒤처져 있는 이유는 무엇일까요?

여러 가지 이유가 있겠지만 저는 정치의 문제가 크다고 생각합니다. 시민들이 '환경'을 기준으로 정치적 대표를 선출할 수 있어야 하는데, 그러지 못하고 있는 것이 많은 문제를 낳고 있어요. 최근에도 선거(20대 국회의원 총선거) 공보물을 보다가 화가 났어요. 4대강 사업, 자원외교로 국민들에게 심각한 피해를 입혀놓고도 '경제를 책임지는 우리 당을 찍으면 행복해진다'는 식의 문구를 써놓은 것을 보니 언어유희가 지나쳐서 '왜곡의 일상화'가 일어나고 있다는 생각까지 들었습니다.

애초에 '4대강 살리기'라는 표현부터 그랬죠. 강을 죽이는 사업이 될 거라고 수많은 국내외 전문가들이 지적했는데도 '4대강 살리기'

라는 이름을 붙여놓은 채로 그냥 진행해버리고, 지금까지도 그 사업이 친환경 사업이었던 것처럼 말하는 사람들이 있습니다. 저는 그 사업으로 강들이 어떻게 됐는지를 생각하면 큰 슬픔을 느낍니다.

대표적인 곳이 낙동강 지류인 내성천이에요. 고운 모래 위에 물이 스며들다가 남아서 흘러가는 느낌의, 김소월 시인의 '엄마야 누나야 강변 살자'는 시구가 이런 곳에서 나왔겠구나 싶은 곳이었어요. 2008년에 처음 가보고 그 아름다움에 반해서 몇 번이나 더 갔던 곳인데, 지금은 그 모습이 완전히 사라졌어요. 영주댐으로 강을 막으면서 주변이 수몰됐고, 앞산 화강암의 풍화작용으로 조금씩 흘러내려오던 모래는 골재 채취권을 가진 업체들이 파내버렸습니다. 앞으로 30년 흘러내려올 모래를 다 가져가버린 겁니다. 이제는 잡풀과 자갈만 남아 있어요. 우리 아이들, 그 아이들의 아이들이 손잡고 걸어 다니면서 아름다움을 느끼고 치유를 받았어야 할 모래와 맑은 물이 사라진 거예요. 이 잘못을 어떻게 갚아야 하겠습니까?

4대강 사업의 목적이라고 한 수질 개선이라도 됐으면 모르는데, 처음부터 수질은 좋아질 수가 없었어요. 수량이 많아진다고 그 자체로 물의 오염도가 낮아지는 것은 아니니까요. 오히려 유속이 느려지면 오염도가 커질 수 있습니다. 그런데 지금도 마치 수질이 개선됐다는 식으로 정부 관계자들이 말하는 것을 보면 화가 납니다.

아름다운 환경을 그대로 잘 보호하고 유지하면 그것이 오히려 경제적인 부가가치를 창출할 수 있는데, 이런 말도 안 되는 일이 일어났다는 것이 안타깝고, 더 안타까운 것은 이렇게 문제임에 분명한 것이 문제로 부각되지 않는 우리 사회입니다. 정치적 판단에 따라 환경과 에너지문제가 뒤로 밀리는 일이 계속돼서는 이런 일이 또 일어나도 막을 수 없을 겁니다. 독일의 경우는 에너지문제가 어느 정당, 어느 정치인에게 투표할 것인지의 중요한 기준이 됩니다. 우리도 시민단체들이 '반환경 인사'를 지목하기도 하지만 당락을 좌우할 정도로 영향을 미치지 못하고 있지요.

해답은 역시 시민들에게 있습니다. 시민들이 환경을 중요한 판단 근거로 삼으면 정치인들도 환경문제에 관심을 갖지 않을 수 없습니다. 어떻게 하면 환경을 살릴까를 고민하면서 법안을 내고 사람들을 설득하고 실현하는지, 그런 노력들을 정치인을 판단하는 기준으로 봐야 하는 것이죠. 그러지 않으면 보통은 4~5년 임기 중에 당장 눈에 띄는 성과를 내기 위해, 환경을 파괴하는 게 분명함에도 단기적 이윤이 남는 개발을 밀어붙이게 되는 겁니다. 그런 정치인들이 '경제를 살린다'는 식으로 하는 말에 속지 말아야 해요.

아무래도 경제가 계속 성장해야 하고, 기술과 산업의 발전은 환경과 배치될 수밖에 없다는 생각 때문에 환경정책에 소극적인 측면도 있는 것으로 보입니다.

우리는 경제가 계속해서 성장할 수 있는 것으로 생각하는데, 인류 역사를 통틀어서 보면 경제가 성장한 시기는 그리 길지 않습니다. 산업혁명 이후 일정 기간에만 성장한 것이죠. 성장 자체를 부정하는 것은 아닙니다. 과거를 미화하고 싶지도 않습니다. 계급사회에서 대부분의 사람들이 너무나도 혹독한 노동에 짓눌려 살았던 시대, 위생적이지 않아서 수많은 사람들이 제대로 살아보지도 못하고 목숨을 잃었던 시대를 생각하면 기술과 산업이 발전한 것이 다행이지요. 그렇지만 언제까지 같은 방식으로 계속할 수는 없는 겁니다. 지구가 스스로 자정하면서 지탱할 수 있는 한계치를 '생태용량'이라고 하는데 이 범위를 벌써 넘어서고 있을 만큼 우리는 과도하게 생산하고 소비해왔습니다. 이제는 다른 방식으로 살아야 인류가 지속할 수 있습니다. 그 방법이 무엇인지, 어떻게 그런 방향의 사회를 만들 수 있을지 사회적으로 진지하게 고민하고, 공론화해야 하는데 우리는 그런 일을 못 하고 있어요.

환경 전문가로서 알파고 열풍 때도 에너지 소비량이 늘어나게 되는 문제를 걱정했다고 하셨는데, 많은 사람들은 인공지능 등 기술의 문제로 일하고 살아가는 방식 자체가 달라질까 봐 걱정을 했습니다. 그 측면은 어떻게 보십니까?

사실 현실적으로 제일 중요한 것이 사람들의 먹고사는 문제고 일자리지요. 청년 일자리문제는 제가 봐도 심각합니다. 노인층도 문제라고 하지만, 가난한 노인들에 대한 지원이 필요할 뿐이지 세대의 문제로는 청년층이 처한 상황에 주목해야 하는 것은 분명합니다. 우리나라 부동산의 소유 분포, 청년층이 전세·월세 부담에 얼마나 시달리는지를 생각해보면 '젊은 사람들의 산 노동이 이전 세대의 죽은 노동으로 만들어진 건물에 포획당해 있다'는 생각까지 듭니다.

게다가 기업들은 예전처럼 평생고용을 책임져주지 않고 불안정한 일자리만 만드니까 불안이 커지고 있지요. 이렇게 안전하지 않은 사회, 불만이 커지는 사회에서는 아무리 경제규모가 커져도 구성원들이 행복할 수 없습니다. 고독사, 아동학대, '묻지마 폭력'이 언제 우리의 일, 이웃의 일이 될지 모르니까요. 이제는 사회적 안전망을 만드는 데 투자해야 합니다. 그리고 누군가를 희생시키지 않고 함께 잘 살기 위한 기술, 자원을 아끼고 잘 쓰는 기술을 개발하는 쪽으로 투자가 이뤄져야 합니다. 그런 쪽에서 일자리들이 나오도록 해야 합니다. 그러면서 꼭 많이 벌어서 많이 써야 행복한 게 아니라 적게 벌어도 좋은 관계가 있고 공동체가 있어서 행복하게 살 수 있는 사회를 만들어가야 합니다.

환경 분야에 대한 투자와 지원은 얼마나, 어떻게 늘어나야 할까요?

지금도 우리나라가 GDP 대비 R&D 투자 비중이 높은 나라라고 해요. 제가 그 말을 듣고 깜짝 놀랐습니다. 도대체 무엇에 대한 연구개발에 그렇게 돈을 쓰고 있는지 모르겠습니다. 그 분야부터 다시 점검해야 합니다. 정부는 재생에너지 분야에 대한 투자가 늘어나고 있는 것처럼 말하지만 이 분야 투자액은 줄고 있습니다. 투자액 증가세가 줄었다, 이런 말이 아니고 투자액 자체가 줄어들고 있다는 것입니다. 이명박 정부 때부터 '녹색성장'이라는 말을 했는데, 투자를 줄이고 있다니 우스운 일 아닙니까? 정부가, 대통령이 의지만 있으면 얼마든지 국가의 자원으로 바꿀 수 있는 것이 많습니다. 돈을 투명하게 쓰면서도 큰 효과를 낼 수 있는 방법이 얼마든지 있는데, 그럴 의지가 없을 뿐입니다. 정부가 시민들에게 주는 메시지도 중요한데, 지금은 시민들이 알아서 재생가능에너지를 만들어 쓰려고 해도 정부가 오히려 방해가 되는 상황입니다.

발전차액보전제도가 대표적이지요. 도시에서는 태양광발전시설을 설치할 넓은 공간을 구하기가 쉽지 않고, 건물주에게 임대료를 내야 합니다. 이런 상황에서 가장 좋은 곳이 중앙정부 건물 옥상들 아니겠습니까? 그런데 임대료를 공시지가 기준으로 내야 합니다. 세종문화회관의 그 넓은 옥상이 비어 있는데, 거기에 태양광 발전시설을 깔려면 임대료가 2억 원이랍니다. 배보다 배꼽이 더 크지요. 다만 서울시는 공시지가에 상관없이 서울시 소유 건물에 대해서는 설치용량 100kW 이하는 연간 1kW당 2만 원으로, 100kW 초과는 연간 2만 5000원으로 임대료를 정해놓았습니다. 이런 일을 중앙정부부터 해야 시민들에게 재생가능에너지가 중요하다는 메시지가 될 텐데 아직까지는 그런 면이 보이지 않습니다. 그래서 시민이 먼저 바뀌고 기업과 정치인들이 바뀌고 국가가 바뀌는 방향이 현실적이라고 생각하는 것입니다.

금수저 아버지가
모든 곳에
있는 사회

주성하
〈동아일보〉 기자

북한은 권력자 혼자 세습
남한은 100명이 나눠서 세습

"

김일성대학을 졸업한 뒤 1998년에 탈북했다. 2003년 〈동아일보〉 기자 공채에 합격한 후, 〈동아일보〉 기자로 일하고 있다. '서울에서 쓰는 평양이야기'라는 블로그를 운영하면서 '남과 북을 모두 경험한 기자'로서 한국 사회에 대한 예리한 시선을 보여주고 있기도 하다. 《서울에서 쓰는 평양 이야기》《남쪽에서 쓰는 편지》《김정은의 북한, 어디로 가나》《주성하 기자의 북한 바로 알기》 등의 책을 펴냈다.

"

대한민국은 이런 말을 공공연히 했다가는 국가보안법 위반으로 처벌받을 수 있는 나라다. 테러를 당하는 경우도 있다. 더 흔하게는 "그렇게 북한이 좋으면 북한 가서 살라!"는 말을 듣게 된다. 주성하 〈동아일보〉 기자는 그런 것에 전혀 개의치 않았다. 그도 그럴 것이 그에게는 속된 말로 '까임방지권'(바람직한 일을 하여, 잘못을 저질러도 욕먹지 않을 권리라는 뜻으로 현역 군필 연예인들에게 주로 쓰임)이 있다. "북한 정권의 3대 세습이 싫어 남한으로 왔고 평생 김정은 체제에 맞서 살겠다"고 당당히 밝혀왔기 때문이다.

"기술이 더 발전하면 공산주의, 자유민주주의가 의미 없어진다." "창조적 파괴가 주도하는 시대가 되면 후진국이 어느 순간 치고 올라와 한국보다 더 잘살 수도 있다. 북한이라고 그러지 말라는 법 없다."

이런 말도 거침없이 했다. 한국 사회에서 당연스레 금지돼온 것, 알아서 입 닫고 덮어둔 것들이 실제로 얼마나 위험한 것이었나 돌아보게 하는 말이었다.

'금수저 사회'는
결국 '세습사회'

주 기자를 인터뷰한 것은 그가 가진 독특한 관점을 공유하기 위해서였다. 김일성종합대학을 나온 북한 사회의 엘리트였다가 14년 전 탈북해 남한으로 온 뒤 공채 시험을 거쳐 〈동아일보〉 기자로 일하고 있는 그는 남북한 사회 양쪽에 대해 '내부자'와 '외부자'의 입장을 가진 흔치 않은 사람이다. 국제부 기자로 일하며 한반도의 외교 및 지정학적 구도, 통일문제에 지속적인 관심을 가져오고 있다는 점에서도 이야기를 들어볼 이유가 충분했다.

2016년 3월 23일 만났을 때, 주 기자는 첫 번째 질문인 '현재 한국 사회의 가장 큰 문제는 무엇인가'에 대해 "강고한 기득권이 통로마다 꽉 막고 있는 사회"라고 답했다. 그리고 "지금은 한국 사회의 역사적인 기점"이라고 말했다. 때문에 기득권문제가 해소되지 않으면 부정적인 국면으로 접어들 것이라는 전망이었다.

"한국은 6·25 전쟁 이후 산업화시대를 모범적으로 헤쳐왔습니다. 문제는 그 성공신화가 아직까지도 남아 앞을 가리고 있다는 것입니다. 지금은 새로운 도약을 하지 않으면 안 되는 시기인데 모든 분야, 길목마다 기득권이 사회발전을 꽉 막고 있어요. 자연히 극복되기에는 한국 사회의 유연성이 너무 떨어져 있고, 여러 가지 역량이 한계치에 이른 것으로 보입니다."

기득권이 막고 있다는 '모든 분야'에는 정치, 행정, 경제, 교육 등이 망라되지만, 특히 젊은이들이 선망하는 직업들마다 기득권, 즉 '금수저 아버지'가 놓여 있다고 주 기자는 지적했다. 재벌만이 아니라 의사, 법조인, 언론인 등 사회적 지위와 경제적 여유가 보장되는 직업들마다 그렇다는 것이다. 그렇기 때문에 열심히 노력한 개인들의 좌절감이 더 크다고 그는 진단했다. 다시 말하면 한국은 상당 부분 '세습사회'라는 것이다. 그의 '세습' 언급은 남다른 느낌을 준다. 앞서 설명한 대로 자기 삶의 터전을 바꿨을 만큼 '북한 정권의 3대 세습'에 비판적이기 때문이다. 그런 그가 남쪽에 살면서 깨달은 것은 "북한은 권력자 혼자서 다 가지고 세습하는 사회라면 남한은 한 100명쯤이 나눠서 세습하는 사회"라는 것이었다.

직장 스트레스는
남한이 10배 크다

　남한에 와서 크게 깨달은, 북한이 더 나은 측면은 또 있다. 일하는 환경에서의 자유에 대한 부분이다.

　"남한에 온 탈북민 대부분은 공통적으로 '자유를 찾아왔다'고 합니다. 그런데 저는 탈북자들 중에 정말 자유롭게 사는 사람을 거의 못 봤습니다. 과거 사회주의 노선을 걸을 때 북한에는 분명 이동의 자유가 없었고, 경제활동의 자유도 없었습니다. 그렇지만 오히려 남한보다 자유가 큰 부분도 있습니다. 대표적인 것이 일하는 환경 안에서의 자유예요. 직장 생활에 스트레스라는 게 거의 없거든요."

　북한은 100% 고용제 사회이고, 직장 내에서 사장이나 상사의 권한이 절대적이지 않기 때문에 문제가 생기면 그냥 다른 직장으로 옮기면 된다고 한다. 한국에서와 같이 '윗사람에게 잘못 보이면 해고될 수 있다'는 위기의식이 없다는 것이다. 때문에 상당히 평등한 직장문화가 자리 잡혀 있다고 주 기자는 전했다.

　물론 국가권력자를 욕하면 '그 길로 잡혀가서 죽는' 사회인 것도 분명하다. 그게 더 심각한 자유의 억압이라고 볼 수도 있다. 이에 대해 주 기자는 "기독교 모태신앙인 사람이 하나님 욕 못 해서 고통스럽지 않듯이, 북한 사람들은 태어나면서부터 권력자 욕을 안 하는 것으로 배우기 때문에 그 점을 심각하게 고통스러워하는 사람은 별

"한국은 일터에서 말하고 행동하는 것이 '밥줄'과 직결된다는
위기감이 있어 자유롭지 못하다는 생각이 듭니다. 그런
점에서 직장 내 스트레스로 인한 불만은 한국이 북한보다
10배 이상 큰 것 같아요."

로 없다"고 했다. "지금 우리가 대통령 욕 마음껏 한다고 행복한 것도 아니잖습니까?"라면서.

한국 직장에 잘 적응하지 못하는 탈북민들이 많은 것도 그런 이유일 것이라고 했다. 못마땅한 점이 있을 때 억누르지 못하고 표출하기 때문에 한 직장에 오래 못 다닌다는 것이다.

"살면서 받는 스트레스 대부분은 사실 주변관계에서 오는 것이잖아요. 한국은 일터에서 말하고 행동하는 것이 '밥줄'과 직결된다는 위기감이 있어 자유롭지 못하다는 생각이 듭니다. 그런 점에서 직장 내 스트레스로 인한 불만은 한국이 북한보다 10배 이상 큰 것 같아요. 여기도 천국은 아닌 거죠."

꼭 기득권 때문만은 아니라는 지적도 나올 수 있다. 개인의 능력을 인정하는 사회라면 경쟁에서 도태되는 사람도 나오고, 그로 인한 스트레스가 발생하는 것도 어느 정도 당연하다는 인식이 깔려 있기 때문이다. 그러나 주 기자는 "정말 능력에 따른 결과라면 모르지만 실제로는 왜곡이 심하다"고 했다.

"북한 김정은에게 무슨 능력이 있는지 모르지만, 주위에서 '뛰어난 인물'로 만들어주니까 그 사회에서 그렇게 통하지 않습니까? 마찬가지로 사장 자리 물려받은 사람은 가만히 있어도 아랫사람들이 알아서 탁월한 능력이 있는 경영자로 포장해줍니다. 반면에 가난하게 태어난 사람은 제 능력만큼 인정받을 기회도 없죠. 그런 왜곡이 점점 고착화되기 때문에 '금수저'라는 말이 나오기 시작한 것 아니겠습니까?"

빠른 기술발전은
후진국에게 기회다

한국 사회에서 '흙수저·금수저' 논의는 최근 들어 대두됐다. 주 기자가 한국에 온 14년 전만 해도 불평등에 대한 인식은 크지 않은 편이었다. 그렇지만 그는 처음 한국에 와서부터 이런 점들을 느꼈다고 했다.

"제가 어쩌면 너무 기대가 커서, 유달리 예민한 건지는 모르겠습니다. 그저 배고파서 탈북한 사람들은 여기 와서도 그런 점들이 안 보일지 모르겠는데, 저는 그 사회의 불평등, 불공평함, 퇴행적인 것들이 싫고 신물 나서 온 것이기 때문에 더 잘 보이는 것 같아요."

이쯤 되면 아무리 '까임방지권'이 있어도 "도로 북한 가라"거나 "다른 나라 가서 살라"는 비난 댓글이 예상되기도 한다. 그렇지만 그는 대수롭지 않은 투로 말했다. "어차피 이상적인 나라는 없습니다. 현실의 문제를 인정하고 긍정적 방향으로 변화시켜가는 게 중요하지 않겠습니까. 그렇게 노력하면서 살아가야죠."

변화되지 않을 경우, 이대로 5년이 흐르면 한국 사회는 어떻게 될까? '시대정신을 묻는다' 인터뷰의 두 번째 질문에 그는 "기득권 장벽이 더 공고해질 것이고, 변화해야 할 시기를 놓치면 결국 세계적 경쟁에서 심각하게 뒤처지는 후진국이 될 수 있다"고 했다. 이 고비를 넘지 못하면 후손들에게 '선조들은 왜 저렇게 한심했을까?' 하는 평가를 받을 수 있다고도 했다.

여기서 다소 독특한 시각이 보였는데, 주 기자는 "나는 과학기술 신봉자"라면서 과학기술 발전에 따른 미래 사회의 변화에 대한 예측을 상당히 넓은 스펙트럼으로 말했다. 그런데 그 예측의 범주가 대한민국만이 아니라 한반도 전체, 혹은 북방 지역과 중국까지 연결된다는 점이 달랐다.

예를 들어 요즘 자주 제기되는 "인공지능, 로봇 등의 영향으로 어차피 지금 있는 직업 대부분이 사라진다"는 주장은 "미국 알래스카주, 북유럽처럼 기본소득이 도입될 가능성이 높다"는 의견과 연결되는데, 거기서 끝나는 것이 아니라 "국가 단위로 자원을 공평하게 나눠주면 결국 공산주의 체제와 비슷해지는 것이므로, 이념이니 남북이니 하는 논의가 의미 없게 된다"는 전망으로 이어진다. 그것도 "반세기 안에 그런 시대가 온다"는 주장이다. 또 "후진국이 갑자기 치고 올라와 우리보다 더 잘사는 나라가 될 수 있다"고도 했다. 과학기술이 비약적으로 발전하면 단계적 산업 기반이 필요 없어지기 때문이다.

"1980년대 한국에서 비디오 테이프로 영화 볼 때 중국은 '비디오'라는 말을 몰랐습니다. 1990년대 CD가 나왔을 때는 중국에서도 사용했죠. 아프리카 대부분 지역에서는 비디오도 CD도 몰랐지만 지금은 USB에 담긴 영화를 컴퓨터로 봅니다. 선진국이 기득권의 장벽을 넘지 못해 머뭇거린다면 후진국이 언제든지 뛰어넘을 수 있게 된 겁니다."

이는 "오히려 기득권으로 얽힌 복잡한 구조가 없는 사회가 미래 사회에 맞는 인프라를 구축하기 쉬울 수 있다"는 예측으로 이어졌다. 주 기자는 "3D프린터로 집을 짓고 도로를 놓으면 건설비용이 현재의 20%밖에 안 든다고 한다"면서 "그런 기술은 이미 상용화돼 있고, 중국이 크게 앞서가고 있다"고 했다. 또 우리가 기존 금융산업계의 반대로 '엑티브X'도 없애지 못하는 동안 중국에서는 '핀테크 혁명'이 일어나고 있다고 덧붙였다.

"북한·아프리카처럼 인프라가 없는 나라들에는 그 의미가 엄청나게 큽니다. 이런 나라들이 어느 날 작심하고 외자유치를 해서 무인자동차용 도로를 깔고, 진공고속열차 선로를 깔고, 신산업 기반을 건설하기 시작한다면 어떻게 될까요? 또 최첨단 핀테크가 가능한 웹 인프라를 갖추면 어떻게 될까요? 어느 나라에선가 이런 기적이 일어나지 말라는 법이 없지요."

이 말 끝에 주 기자는 "북한의 경우 김정은 체제가 무너지면"이라는 단서를 달았다. 북한도 지금은 김정은 정권이라는 기득권에 가로막혀 있다는 것이다. 다만 그 형태가 한국보다 단순하다는 점, 토지가 모두 국가 소유인 점 등을 감안할 때 체제 변화만 이뤄지면 비약적 발전이 가능하리라는 의견이었다.

'통일대박'론에 대해서는 "10년 안에 통일이 되면 모를까,
그 뒤라면 그런 과실은 남아 있지 않을 것"이라고 했다.
그때쯤엔 중국보다 앞선 경쟁력을 유지하는 산업이 거의
없을 것이라는 이유에서다.

교육·정치부터 바꿔야
가능성 있다

　　주 기자가 북한을 다시 언급한 것은 한국 사회의 통일에 대한 고정관념을 꼬집기 위한 것이었다. 그는 현재 한국에는 통일 후 북한에 인프라를 까는 것이나 북한 주민의 저렴한 노동력 등으로 한국 경제가 기회를 얻을 것'이라는 식의 '통일대박'론, 반대로 통일이 되면 북한 사람들이 전부 남한으로 쏟아져 내려와 사회혼란이 야기되리라는 우려가 동시에 존재한다고 짚었다. 그리고 그 두 가지 모두 동의하지 않는다고 했다.

　　먼저 '통일대박'론에 대해서는 "10년 안에 통일이 되면 모를까, 그 뒤라면 그런 과실은 남아 있지 않을 것"이라고 했다. 그때쯤엔 중국보다 앞선 경쟁력을 유지하는 산업이 거의 없을 것이라는 이유에서다. 앞에서 설명한 것과 같은 중국의 과학기술력 및 경제발전 속도로 볼 때, 그리고 남북관계가 지금처럼 유지된다고 가정한다면 모든 산업적 기회는 중국이 독차지할 가능성이 크다는 예측이다.

　　북한 인구의 남한 유입 우려에 대해서는 "사회가 개방되고 이동의 자유가 보장되면 고향을 떠나 선진국으로 가려는 사람들이 많겠지만 꼭 남한으로만 온다는 보장은 없다"고 했다. 중국, 서방 국가, 연해주를 비롯한 북방 지역으로 갈 가능성도 얼마든지 있다면서 "특히 한국 사회가 북한 주민을 '저렴한 노동력'으로만 대우하려고 하면 더 안 올 수도 있다"고 꼬집었다.

이런 이야기들에는 더 이상 북한과 남한이 멀어져서는 안 된다는 안타까움이 들어 있었다. 주 기자는 "정말 통일을 원한다면 보다 현실을 정확히 보는 정책이 필요하다"고 했다.

"통일정책의 답은 분명히 정해져 있습니다. 북한이 어떤 상황일 때 통일이 되어야 우리가 그 충격을 흡수할 수 있을지 가늠해보고, 충격을 최소화하는 상황으로 북한을 변화시켜가야 하는 것이죠. 북한이 시장경제 훈련이 안 돼 있고 국민소득이 1000달러도 안 되기 때문에 감당하기 버겁다면 그 균형을 맞추는 것이 최우선입니다. 북한을 시장경제로 유도해 소득을 높이도록 말입니다. 그러자면 개성공단을 열 개, 스무 개 만드는 것이 올바른 방향입니다. 하지만 현실은 정반대로 흘러가고 있지요. 북한과 통일문제를 정치적으로만 활용하려는 정치권의 자세가 안타깝습니다."

'한국 사회 개선을 위해 앞으로 5년 동안 해야 할 일'에 대한 세 번째 질문에 주 기자가 내놓은 답은 '교육'과 '정치' 시스템을 고치는 것이었다. 그는 "한국에 와서 교육과 보육 시스템을 보고 황당해서 말이 안 나왔다"면서 특히 교육 시스템은 산업화 사회에 맞는 인력을 대량으로 배출하는 시스템에서 벗어나지 못하고 있다고 짚었다. "학벌을 얻기 위해 학생들이 밤늦도록 학원에서 '찍는 기술'을 배우고, 스무 살 때 공부한 성적으로 일생이 결정되는 사회에서 빌 게이츠나 스티브 잡스 같은 인재가 나올 수 있겠느냐"고도 했다.

교육 환경을 바꾸려면 "유아부터 대학생까지 큰 맥락으로 보고 관리하는 교육정책, 각자 가진 능력을 발현할 수 있도록 단계별로 제대로 키워주는 공교육 시스템이 회복돼야 한다"면서 이를 위해서도 기득권문제 해결이 시급하다고 다시 강조했다. 공교육이 무너지고 사교육이 비대해지는 잘못된 방향이 뻔히 보이는데도 그 흐름을 바꾸지 못하는 것은 결국 교육계의 기득권들이 통로를 막고 있기 때문이라는 것이다.

정치에 대해서는 "개인의 이익과 이해관계를 위해 정치 대표자가 되려는 사람들을 용인하는 구조를 뜯어고쳐야 한다"고 했다. 그는 "오늘날 우리에게 절실히 필요한 정치 지도자는 기득권의 장벽을 단호하게 부수고 '창조적 파괴'로 이끌 지도자"라면서 현재 정치 풍토에서는 그런 지도자가 나올 수도, 살아남을 수도 없다고 했다. 따라서 정치체제를 혁명적으로 바꿔야 미래를 걸고 국민 앞에 나서는 지도자가 나올 것이라는 주장이다.

인터뷰를 마무리하면서 그는 "북한 이야기를 많이 했지만 북한을 배워야 한다는 것은 결코 아니다"라면서 "한국의 미래를 위해 여러 가지 예를 들었을 뿐"이라고 했다. 그렇지만 한국 사람들이 왜 행복하지 않은지 생각하면 평양이 떠오를 때가 있다고 덧붙였다.

"평양에 살 때 참 좋았구나 싶은 것은 대동강변이에요. 강변 옆에 도로가 없어서 젊은이들이 자연을 충분히 누리며 노래도 부르고 연애도 하고 그랬지요. 서울은 물질적으로 풍요롭지만 여기 젊은이들은 영화 보고 밥 먹고 차 마시는 것밖에 누릴 게 없더라고요. 저도 예전에는 외워서 부를 수 있는 노래가 300곡도 넘었는데, 지금은 스마트폰만 들여다보고 사느라고 바보가 된 것 같네요. 평양과 서울의 차이는 고작 그런 것들입니다."

북한 이야기라고 하면 특이하지만, 누구나 이전 시대에 누렸다가 지금은 잃어버린 것에 대해 떠올리곤 한다는 것을 생각하면 지극히 보편적인 이야기였다. 어찌 보면 앞으로만 갈 게 아니라 뒤도 보고 옆도 봐야 한다는 메시지이기도 했다.

한국 사회가 분야마다 기득권으로 꽉 막혀 있다고 하셨는데

지금 몸담고 계신 언론계도 그런가요?

언론도 그렇습니다. 언론사들 자체가 기득권이 돼서 새로운 언론사들이 생겨나고 성장하는 길을 딱 막고 있어요. 이대로는 혁신이 일어나기 어렵습니다. 물론 언론이 신뢰를 받으면서 제 역할을 하려면 역사와 전통도 필요하겠지요. 그렇지만 이렇게 기존 언론사들로 진영이 꽉 짜인 상태로는 변화가 나타나기 힘들고, 사회가 요구하는 제대로 된 역할을 하지 못하게 될 수 있습니다. 인터넷·동영상·SNS를 활용하면서 겉으로는 달라지는 것처럼 보이지만 따져보면 IT 기술이 발전돼서 자연히 나타난 변화에 기댄 것일 뿐이고, 언론 자체에는 변화가 보이지 않습니다.

한국에서 가장 시급하게 바뀌어야 할 부분이 정치와 교육이라고 하셨는데, 정치가 어떻게 바뀌어야 할지 좀 더 설명해 주세요.

정치 시스템은 정말 후진적입니다. 비전을 가진 지도자가 나올 수 없는 시스템이에요. 국회의원들이 의사결정을 하는 것을 지켜보면 '한 번 더 해먹겠다'는 욕망만 보입니다. 다만 인물을 바꿔야 하는 문제는 아닙니다. 국민들이 그런 정치인에 문제의식을 못 느끼니까 그렇게 투표하는 것 아니겠습니까? 내 지역, 내 재산과 관계된 이익을 챙기겠다는 이기주의가 판치는 사회이니 정치가 후진적인 것입니다.

문제는 한국 사회가 이런 정치 시스템하에서도 잘 발전하고 성장할 상태가 아니라는 겁니다. 가마솥에서 물이 끓기 직전인데 미꾸라지들이 싸우는 형국이지요. 기술과 산업 변화 양상을 보면 15년쯤 후에는 사회의 일자리 지형이 크게 변할 것이고, 실업이 일반적인 사회가 될 수 있습니다. 기본소득, 공유경제 등 선진국에서 의미 있게 논의되고 도입되는 제도와 경제 개념들을 진지하게 논의해야 합니다. 그러지 않고 코앞만 보고 이렇게 지내다가는 후손들에게 원망을 듣게 될 겁니다.

그렇다면 정치는 어떤 역할을 해야 할까요?

정치인, 특히 대통령의 과제가 '창조적 파괴'여야 한다고 봅니다. 사람들은 아무래도 지금 사는 대로, 일하는 대로의 방식을 유지하고 싶어 합니다. 하지만 파괴될 것은 빨리 파괴되어야 합니다. 그렇지 않으면 사회가 뒤처지고 더 많은 사람들이 더 큰 고통을 받게 되니까요. 그런데 정치인들이 오히려 지금 사회를 유지하는 방식으로 의사결정을 하고 있습니다. 저출산문제에 대해서 말들이 많은데, 미래 노동력이 없어서 사회가 망할 것처럼 불안감을 주기만 하고 대책은 못 내놓고 있지요. 그렇지만 다시 생각해봅시다. 노동력이 없으면 정말 사회가 망할까요? 조금 전에 기술발전으로 일자리가 줄어드는 문제를 얘기했는데, 그렇다면 노동력이 줄어들어야 좋은 것 아닙니까? 이런 흐름에서 애를 많이 낳으면 청년 실업자밖에 더 되겠습니까? 노동력이 뒷받침돼야 사회가 지탱된다는 것은 산업화시대의 논리가 아닌지 돌아봐야 합니다. 그리고 산업사회에 맞는 인재를 길러내는 데 초점이 맞춰져 있는 교육 시스템도 돌아봐야 하고요.

돈 때문에
통일을 포기해야
하나?

윤영관
전 외교통상부 장관
서울대 명예교수

한반도 통일과 사회개혁은
공동체성 회복으로

"

서울대학교 외교학과 졸업 후 동 대학원에서 석사학위를 받았고, 미국 존스홉킨스대학교 국제관계대학원(SAIS)에서 〈패권국 권력이 쇠퇴하는 경제적 메커니즘에 관한 역사 및 사례 연구〉로 국제정치학 박사학위를 받았다. 이후 캘리포니아대학교 데이비스 캠퍼스에서 3년간 조교수로 지냈으며, 1990년부터 서울대학교 외교학과로 옮겨 학생들을 가르치며 국내 학계에 국제정치경제학을 소개해왔다. 2003~2004년에는 외교통상부 장관을 지내기도 했으며, 싱크탱크 '미래전략연구원'과 북한 및 통일 문제를 다루는 '한반도평화연구원'을 설립하여 운영했다. 지은 책으로 《외교의 시대》《전환기 국제정치경제와 한국》《21세기 한국정치경제모델》《한국외교 2020 어디로 가야 하나?》 등이 있다.

"교수님께서 저희보고 앞으로 사회 나가서
이웃의 삶을 풍요롭게 해야 한다고 하셨는데,
저는 그런 말을 처음 들어봤습니다. 저희가 왜 그래야 하나요?"

"

윤영관 전 외교통상부장관이 전한, 어느 서울대 신입생이 했다는 말
이다. 2015년 2월 정년퇴임하기까지 25년간 서울대 정치외교학부
교수로 재직한 윤 전 장관은 최근 9년 동안 일종의 멘토링 프로그램
인 '신입생 세미나'에 꾸준히 참여했다. 여기서 신입생들을 만날 때
마다 "서울대 학비가 싼 것은 네가 배운 것을 공동체를 위해 쓰라는
뜻이다" "잘 배워서 이웃을 위해, 세계 시민을 위해 사용하라"는 말
을 해왔는데, 한 학생으로부터 위와 같은 질문을 받았다고 한다.

"이 말에 크게 충격을 받았다"면서도 윤 전 장관은 "그 학생 잘못
은 아니다"라고 했다. "그렇게 가르쳐온 어른들의 생각 속에 '낙오되
면 죽는다'는 위기감이 있기 때문이고 이는 한국 사회에서 '공동체
의식'이 사라진 결과"라는 해석이다.

'같이 잘살자'는
의식 없어진 한국 사회

　　두 시간 이상 이어진 인터뷰 내용 중에서 윤 전 장관이
누차 강조한 핵심이 바로 '공동체의식이 사라진 것이 한국 사회 여
러 문제들의 근본원인'이라는 것이었다. 통일과 교육, 복지, 정치에
대해 말할 때도 일관되게 '공동체의식'을 중심에 두는 방식이 인상
적이었다.

　　"옛날에도 갈등이야 있었겠지만 우리 국민에게는 '같이 잘살아야
한다'는 생각, 하나의 공동체로서 함께 번영을 추구해야 한다는 의
식이 늘 있었습니다. 한국 사회 발전의 동력이었지요. 그게 서서히
약화되고, 사람들이 원자原子화돼서 개별 이익에 몰입하는 경향이
뚜렷해지고 있습니다. 요즘 들어 양극화가 심화되는 것도 그 결과라
고 할 수 있습니다."

　　공동체 해체와 함께 윤 전 장관이 지적한 한국 사회의 문제는 '미
래에 대한 준비 부족'이다. 그중에서도 한반도의 미래, 즉 북한과 통
일에 대한 준비 부족이 심각한 문제를 불러올 수 있다고 했다. 윤 전
장관은 "북한 내부의 흐름으로 볼 때 체제 변화는 짧으면 5년, 길게
잡아도 10년 내에는 온다"고 전망하면서 "그때까지 정치적 구호로
서가 아니라 정말로 통일을 생각하고 준비해야 하는데 그 측면이 많
이 부족하다"고 했다.

특히 남북관계에 일대전환이 일어날 수 있는 시점을 '2018년 봄'으로 특정했다. 미국과 우리나라 대선이 끝나고 새 정부가 안정적으로 기능할 때까지는 북한도 미국도, 또 우리로서도 입장을 유보하게 마련이기 때문이다.

"존 케리 미 국무부 장관이 2016년 2월 미국 워싱턴D.C.에서 왕이王毅 중국 외교부장과 함께 언론 브리핑을 했을 때 '북한이 비핵화 논의에 진지하게 나온다면 평화협정 논의도 가능하다'고 분명히 말했어요. 미국 정부는 대북제재를 강하게 밀어붙이기는 하지만 그 목표는 어디까지나 붕괴가 아니라 협상입니다. 2018년 봄은 전환을 시도해볼 중요한 시점인 것이죠."

문제는 그전에 예기치 않은, 의도하지 않은 남북 간 충돌이 발생하는 경우다. 그랬다가는 중요 시점을 허무하게 넘겨버릴 수 있기 때문이다. 윤 전 장관은 "그때까지 남북관계가 안정적으로 유지될 수 있을지 걱정된다"고 했다. 남북 간 소통 채널이 끊어져 있기 때문이다.

"남북 당국자 간에 대화 통로가 어떤 형태건 열려 있어야 하는 것은 불필요한 오해와 충돌을 막기 위해서입니다. 예를 들자면, 북한 비행기가 우리 영공으로 날아온다고 할 때 단순한 사고인지 도발인지 먼저 확인할 수 있어야 하지 않겠어요? 그게 정상적인 겁니다. 이 채널이 없으면 의도하지 않았던 사고도 양쪽의 오해로 상승작용을 거쳐 통제 안 되는 상황으로까지 번질 수도 있기 때문에 걱정입니다."

"미국 정부는 대북제재를 강하게 밀어붙이기는 하지만 그 목표는 어디까지나 붕괴가 아니라 협상입니다. 2018년 봄은 전환을 시도해볼 중요한 시점인 것이죠."

북한까지 공동체로
회복하는 것이 통일

물론, 늘 예측 불가능성으로 무장하고 도발해오는 쪽은 북한이 아니냐는 지적도 가능하다. 윤 전 장관도 "현재 남북관계의 많은 책임은 북한에 있다"고 했다. 그렇지만 이런 상황하에서 최선의 대북정책을 찾는 게 한국 정부의 몫인 것도 분명하다고 말했다.

"상식적이고 대화가 통하는 북한이면 얼마나 좋겠습니까. 하지만 그렇지 않더라도 그때그때의 도발에 흔들리지 않을 대북정책 기조를 세워왔어야 하는데 그러지 못한 게 사실입니다."

가장 아쉬운 것은 남북 주민 간 교류가 완전히 단절된 것이다. 윤 전 장관은 남북한 주민들 간에 서로 통합하려고 하는 힘을 '구심력 求心力'(원운동에서 원의 중심으로 향하는 힘)으로 표현했다. 이 구심력이 있어야 계속 더 만나고자 하는 의지도, 통일을 향한 내부동력도 생기고 통일 이후 통합과정도 순조로울 텐데 그렇지 못해 남북이 물과 기름처럼 되고 있다는 것이다.

"핵위기가 있더라도 비정치적·비군사적인 협력은 얼마든지 할 수 있습니다. 의료·보건, 환경 분야가 대표적입니다. 의료시설과 약품이 부족해 북한 주민들이 고통을 받는다면 인도적 차원에서 도울 수 있는 일이고, 환경을 위한 협력은 우리 국민들에게도 도움이 됩니다. 누군가의 말대로 페니실린이 핵무기로 바뀌지는 않으니까요.

그런 노력이 없었다는 게 안타깝습니다."

우리 정부가 '개성공단 철수'라는 극단적 조치까지 취한 상황에서 다소 먼 얘기처럼 들리기도 한다. 윤 전 장관은 "비핵화를 위한 대북제재 공조를 위해 미국·중국을 설득하려는 현 정부 입장에서는 그 길로 갈 수밖에 없다고 생각했을 것"이라면서 "우리가 개성공단을 열어두고 대북제재를 하자는 게 자기모순처럼 느껴졌을 것이기 때문"이라고 해석했다. 그렇지만 "꼭 '영구 철수'라는 입장을 취하지 않아도, 우리의 요구조건이 충족될 때까지 중단한다는 입장표명만으로도 효과는 동일하고 향후 활용할 '카드'도 마련됐을 것"이라며 아쉬움을 표했다.

윤 전 장관이 제시하는 '일관된 대북기조'는 바로 '공동체 회복'이다. "김영삼 정부 이후 이미 우리 통일방안의 핵심개념은 '민족공동체'였다"고 상기시키면서 "한국 사회의 공동체성 회복의 범위에 북한 주민까지 포함하고 품어 안는 것이 가장 바람직하고 가능한 통일방안"이라고 했다.

이와 관련해서 윤 전 장관은 2013년에 6개월간 독일 베를린에 머물 당시 접한 내용을 전했다. 독일 통일에 있어서 1982년 당시 헬무트 콜이 이끄는 기민당 연립정부가 경쟁 정당인 사민당의 동방정책, 즉 동독을 비롯한 공산권과의 교류를 강조하는 정책을 전격적으로 받아들인 것이 큰 계기가 됐었는데, 그 이유에 대한 것이다.

"당시 통일에 관여한 국회의원, 전문가들의 설명은 한결같았습니다. 기민당 정치 지도자들은 아데나워 총리 이후 '서방정책', 즉 우방인 서방 국가들과의 교류를 우선시한다는 정책을 고수했지만 어느 순간 우방들의 주된 관심사는 통일이 아니라 현상유지라는 것을 깨달았다고 합니다. 아무리 동맹국이 중요해도 이렇게 입장이 다르다면 방향키를 돌려야겠다고 결단한 것입니다. 이것이야말로 진정한 주인의식이겠지요."

윤 전 장관은 "독일은 통일정책뿐 아니라, 슈뢰더 총리 때 경제개혁과 관련해서도 과감하게 초당적인 결단을 내려왔기 때문에 2008년 세계 금융위기 이후에도 잘 버텨올 수 있었다"면서 "우리는 국가의 이익 앞에서 정당 이해관계를 초월한 결단을 내릴 수 있는 정치인들을 가졌는지 돌아봐야 한다"고 했다.

'돈 때문에' 통일 원치 않는 이상한 나라

여기서 잠깐, 과연 통일은 한국 입장에서 '국가 이익'인 것이 분명할까? 한국 국민들도 주변 국가들 못지않게 '현상유지'를 더 선호하는 게 아닐까? 어느 정도일지 모르는 혼란을 감당하기보다는 그쪽을 택하고 싶은 것은 아닐까 싶어 질문을 던졌다.

이 질문에 윤 전 장관은 잠시 난감한 표정을 지었다. 처음에 전한 서울대 신입생의 질문과 다르지 않게 들렸던 것 같다. "지금 세대가 자라고 공부하면서 배운 것들을 생각하면 그런 생각들이 일반적일 수도 있겠다"면서 그는 독일 통일과 관련된 이야기 하나를 더 꺼냈다.

4년 전쯤, 독일 통일을 주도했던 인사 20명이 한국을 방문했고 독일의 권위 있는 주간지 《슈피겔》이 이들을 인터뷰했는데, 그들이 방한 후에 "한국 사람들은 참 이상하다"고 전했다는 것이다.

"한국 사람들은 '돈 많이 드는 통일은 원하지 않는다'는 인상을 받았는데 그게 이해가 안 간다는 겁니다. 어찌 보면 한국보다 훨씬 앞선 자본주의 국가인 독일 사람들 눈에도 우리가 굉장히 비정상적인 겁니다. 한 나라가 유지해야 할 기본적인 가치, 공동체의 정신을 깡그리 잊어버린 상태에 와 있는 것입니다."

윤 전 장관은 '통일을 해야 하는 이유'에 대해 "지금 민족, 국가의 상태가 지극히 비정상적이기 때문에 정상 상태로 돌려야 하는 것이 당연하다"고 잘라 말했다.

"긴 역사 속에서 겨우 70년 동안의 남북분단이고 군사대치 상황인데, 이를 마치 정상적인 것처럼 생각하며 살아도 되는 것인가"라고 하며 "이대로 유지하는 게 낫다는 것은 내 손자손녀, 또 그 뒤 후손들의 행복을 당장 내가 편하게 살고자 희생시키겠다는 이기적인 생각"이라고 강조했다. 즉, 통일은 "비용 계산 이상의 근본적인, 정신적 차원의 문제"라는 것이다. 그런 한편으로 '통일비용'에 대한 인식 자체에도 오해가 있다고 부연했다.

"통일 상황에서 발생하는 비용을 모두 우리 국민 세금으로 감당하게 되지는 않을 것입니다. 상당 부분은 국제 자본시장으로부터 자금을 조달받아 충당될 수밖에 없지요. 우리가 내는 비용이 있다고 해도 중장기적인 '분단비용', 즉 군비라든지 남북대결, 여러 사회적 비용, 예측 불가능성에 따른 비용과 비교해본다면 훨씬 적을 것입니다."

교육개혁과 복지 시스템은 연결돼 있다

이렇게 '경제적 이득'으로 설명해야 그나마 이해하는 한국 사회를 안타까워하면서 윤 전 장관은 그 원인을 1960~1970년대의 '개발연대'에서부터 시작된 '성장제일주의'에서 찾아야 한다고 말했다. 가난 극복을 위해 열심히 일한 결과 경제성장에는 성공했지만, 그것이 전부라고 생각하게 된 우리 사회에 '정신적 빈곤'이 남았다는 것이다. 특히 1980년대 이후 신자유주의, 시장만능주의 바람이 휘몰아치면서 이 현상이 한국 사회 전반으로 확산되고 양극화도 심화됐으며, 그 결과 공동체의식도 실종되고 있다는 진단이다.

특히 개발연대식 발전모델로 인해 대기업 집중이 이뤄지면서 경제의 가장 중요한 원칙이라 할 수 있는 '시장 참여자들 간의 공정경쟁'의 룰도 훼손됐다. 윤 전 장관은 "어찌 보면 한국의 자본주의는 대단히 취약한 기초 위에서 진행돼왔다"고 했다.

이렇게 공정경쟁이 이뤄지지 않을 때 국가, 정부가 '심판자' 역할을 해야 하는데 그러지도 않았다. 윤 전 장관은 "그런 면에서, 필요한 규제는 더 강화돼야 한다"고 했다. 현 정부는 '모든 규제는 암덩어리'라는 입장이지만 그는 "금지해야 할 것은 과거 정부 주도 경제발전 당시와 같은, 자유로운 기업활동에 정부가 직접 개입하는 규제"라면서 "공정한 시장경쟁을 위한 규제, 특히 대기업의 반시장적 행위 등에 대한 규제는 오히려 대폭 강화해야 한다"고 강조했다.

심각한 문제는 교육 시스템에서도 찾을 수 있다. 윤 전 장관은 "미래 사회의 방향과 교육 현실의 간극이 갈수록 벌어지고 있어서 개편이 시급하다"고 지적했다. 덧붙여 '다가오는 미래'를 준비시키고 '공동체의식'을 중심에 두는 교육이 하루빨리 회복돼야 한다고 강조했다.

교육과 뗄 수 없는 부문이 '복지'다. 앞서 말한 '신입생 세미나' 때마다 학생들에게 "뭘 하고 싶으냐"고 물으면 "좋아하는 걸 하고 싶지만 굶어 죽지 않고 살 수 있을지 자신이 없다"고 한다면서 윤 전 장관은 "현실에 대한 불안 때문에 학생들이 공무원 시험, 로스쿨, 의대로 몰려 엄청난 에너지가 국가적으로 낭비되고 있다"고 지적했다.

"새로운 걸 하다가 실패해서 실업자가 돼도 선진 복지국가에서처럼 최소 2년은 기존 소득의 70%까지 실업급여로 보장받는다면, 그렇게 생긴 안정감으로 왜 도전하지 않겠습니까. 우리 청년들에게도 그 정도 도전정신은 있습니다. 교육 시스템을 개혁하려면 복지 시스템도 바꿔야 합니다. 선진국을 보면 사회를 안정시키고 공동체의식을 강하게 유지하면서 미래지향적으로 발전하는 토대를 제공하는 것이 바로 복지 시스템입니다. 복지가 어느 수준까지 올라가지 않으면 사회적 통합, 공동체의식 형성도 어렵고, 성장 잠재력도 끌어낼 수 없습니다."

윤 전 장관은 "이런 문제들이 해결되지 않을 경우, 한국은 서서히 기울어져 내려가다가 쇠퇴하는 사회가 될 것"이라고 전망했다. 노령화문제, 교육문제도 뻔히 보면서 방치할 수밖에 없는 무기력한 사회가 될 수 있다는 것이다.

난제 해결을 위해 가장 시급한 것이 정치적 리더십이다. 개혁의 길목마다 막고 있는 기득권과 이익집단들의 영향력을 떨쳐내고 미래 지향적인 결단을 해야 하기 때문이다. 필요하다면 국민들에게 호소해서 증세도 설득해내야 한다. 다만 흔히 떠올리는 '카리스마적 리더십'은 아니다. 그런 구시대적 리더십은 문제를 심화시키기만 한다고 윤 전 장관은 말했다.

"한국 사회는 산업화와 국제사회의 영향으로 이미 다원적·수평적·개방적 사회가 되었습니다. 1960~1970년대의, 비교적 단순한 농업 중심 사회나 초기 산업사회의 수직적이고 덜 개방된 구조와는 이미 달라졌습니다. 그런데 정치적 리더십과 제도는 여전히 권위주의적이고 폐쇄적이지요. 이 간극이 오늘날 수많은 문제들의 근본원

"새로운 걸 하다가 실패해서 실업자가 돼도 선진
복지국가에서처럼 최소 2년은 기존 소득의 70%까지
실업급여로 보장받는다면, 그렇게 생긴 안정감으로 왜
도전하지 않겠습니까?"

인입니다."

수평적·개방적·다원화된 사회에서 정치적 리더는 수많은 이해집단들 간의 갈등을 조정하여 타협을 이끌어내야 하고, 이를 위해 끊임없이 소통해야 한다. 윤 전 장관은 "그것이 진정한 민주적 리더십"이라면서 "이것이 있어야 우리 사회의 욕구가 법과 정책으로 연결될 수 있다"고 했다.

국가와 정부의 역할도 달라져야 한다. 국민 위에서 군림하는 존재가 아니라 서비스 제공자, 안전하고 자유로운 '운동장'을 만들어주는 환경 조성자, 경제활동의 공정한 룰을 집행하는 심판의 역할을 해야 한다는 것이다. 이렇게 조성된 인프라 위에서 미래지향적 기술개발과 창업이 이뤄지고 창조적인 기업활동의 에너지가 분출되도록, 그래서 새로운 산업동력이 창출되도록 하는 것이 국가의 역할이어야 한다고 윤 전 장관은 강조했다.

20대 총선 결과는
국민의 요구

인터뷰 내내 걱정과 안타까움을 주로 표현한 윤 전 장관이 유일하게 희망적으로 평가한 것은 20대 총선 결과였다. "결과를 보고 상당히 놀랐다"면서 "지금처럼 가서는 안 되겠다는, 근본적 개혁이 필요하다는 국민들의 요구가 강하게 느껴졌다"고 했다. 다만 새로 정치권력을 얻은 정치인들의 행보가 중요할 것이고, 이를 제대로 알리는 언론과 시민단체의 역할도 중요할 것이라고 했다. 그렇게 해서 다음 선거에서도 계속해서 좋은 정치인을 선출할 수만 있다면 희망은 있다는 것이 윤 전 장관의 결론이었다.

"우리들이 할 수 있는 가장 중요한 일은, 공동체로서 한국 사회가 직면한 문제를 고민하고 해결하려는 정치인을 뽑는 것입니다. 눈앞의 정치적 이익과 자기 자리 유지를 위해 뛰는 사람이 아니라, 미래를 보는 정치인, 정당을 골라낼 수 있어야 합니다. 저는 학생들에게도 정치에 관심 있으면 열심히 준비해서 들어가라고 합니다. 그렇게 적극적으로 목소리를 내고 참여하면 달라질 수 있습니다."

정치가 계속 나아지려면 어떤 노력들이 필요할까요?

정치체제가 바뀌어야 합니다. 변화하는 사회의 흐름이 정치권에 반영되고, 이것이 국민들을 위한 정책 변화로 연결되도록 일맥상통하는 연결고리가 있어야 하는데 우리 정치에서는 그 고리가 보이지 않는 것이 문제입니다. 우리가 당면한 현실과 이를 해결하기 위한 정치적 리더십, 정당체제, 국가의 역할, 정책 간에 큰 간격들이 있습니다. 이를 다시 연결하는 것이 한국 정치의 과제입니다.

그러기 위해서는 시민들도 바뀌어야 하지요. 지금까지와 마찬가지로 유권자들이 지역주의, 연고주의, 학벌주의, 지나간 시대의 이념 등에 영향을 받으면 받을수록 이런 문제들은 해결되지 않고 지속될 것입니다. 그러지 않고 다른 지역 출신이어도, 진보나 보수냐에 대한 지향이 달라도 한국 사회 문제의 본질을 나름대로 꿰뚫어 보고 해결하려는 사람이라면 표를 주고 지지할 수 있어야 희망이 있습니다.

정치에 진입한 정치인들 입장을 말하면, 다음 선거에서 재선될 생각에 매몰되기보다는 어떻게 하면 거시적인 관점에서 공동체를 이롭게 할 수 있을지를 생각하면서 의정활동을 해야 합니다. 물론 정치인 본인들도 달라져야 하지만 이런 활동들이 높이 평가받고 계속 정치를 이어갈 수 있도록 하는 인센티브 구조가 있어야 합니다. 시민사회단체와 언론의 감시도 이런 방향으로 이뤄져야 합니다. 의정활동을 잘한 사람들을 발굴해서 칭찬해주고, 업적을 널리 알려주는 일을 해야 하는 겁니다. 그런 측면에서 현재 언론이 하는 역할은 아주 실망스럽습니다.

기존 의원들이 쌓은 진입장벽이 높아지지 않도록, 실력 있는 신진 정치인들이 국회에 진입하고 변혁을 일으킬 수 있게 하는 시스템도 중요합니다. 진입장벽 안에서 폐쇄된 채로 돌아가는 정치권일수록 한국 사회의 급박한 문제에 뛰어들어서 바로잡아야 한다는 압박을 덜 받기 때문입니다.

인물 개인에 기대는 보스 정치, 그 눈치를 보면서 의사결정을 하는 계파 정치는 이제 완전히 시대착오적인 것이 됐습니다. 젊은 정치인들이 밑에서부터, 민주적 정당체제 안에서 민주적 리더십 훈련을 받아서 성장하게 한 뒤 점점 더 큰 민의를 대변하는 방향으로 나아가도록 해야 하는데, 한국의 정당은 이런 기능을 하지 못하고 있습니다. 지금이라도 이런 선순환적인 시스템을 갖춘 정책정당으로 거듭나야 합니다.

정치가 제 역할을 한다고 할 때, 이를 통해 한시바삐 논의를 시작해야 할 의제는 무엇일까요?

복지입니다. 우리 사회는 신자유주의의 흐름, 대기업 위주, 성장 중심 경제모델하에 오래 있다 보니까 복지 논의를 꺼내면 사상이나 이념 논쟁으로 가버립니다. 그런 상황이 몇십 년 동안 이어지고 있는데, 복지는 사상에 따라 선택할 문제가 전혀 아닙니다.

선진 사회의 내부를 들여다보면 그 사회가 공동체의식을 강하게 유지하면서 안정되고 통합되고 미래지향적으로 발전해나가는 데 기본토대를 제공하는 것이 복지 시스템입니다. 복지가 어느 수준까지 올라가지 않으면 사회적 통합도, 공동체의식 형성도 힘듭니다. 더 나아가서 경제발전도 어렵습니다. 복지와 성장은 절대로 따로 가는 것이 아닙니다. 어느 정도 복지가 제대로 이뤄져야 성장이 가능한 것입니다. 일본 같은 경우 아무리 정부가 돈을 풀어도 노년층이 돈을 안 쓰는 이유가 복지의 부족 때문입니다. 일본 사람들 입장에서는 고령화 추세 속에서 언제 몸이 아플지 모르니 저축해놓으려고 하지 소비를 할 수가 없습니다. 반면 독일 같은 나라는 앵글로색슨형 자본주의를 추구하는 미국이나 영국보다 훨씬 견실한 경제성장을 이어가고 있지요. 기본적인 복지의 토대 위에서 공동체의식이 유지되고 있기 때문입니다. 따라서 성장 잠재력을 끌어내리려면 정부는 복지 수준을 올리는 데 집중해야 합니다. 그래야 공동체의식도 복원되고, 사회통합도 가능해질 것입니다.

복지와 교육은 긴밀하게 연결된다고 하셨습니다. 복지가 교육에 영향을 준다는 의미인가요?

서로서로 연결됩니다. 우리 사회의 시스템이 학생들에게 가장 안정적인 직업을 추구할 수밖에 없도록 하고 있다는 점을 생각해보세요. 서울대를 보면 사회 계열의 경우 각 과의 60%는 고시공부를 합니다. 이공계 입학생을 보면 성적이 높은 순서대로 전국 의대를 한 바퀴 돌고 나서야 서울대 이공계를 지원합니다. 그렇다고 학생들 개개인이 공무원, 법조인, 의사가 꿈이어서 지원하는 것도 아닙니다. 자기가 정말 하고 싶고 즐길 수 있는 일을 택한다면 굶어 죽지 않을 수 있을지 자신이 없는 데다 부모님을 비롯한 주위 어른들의 압력까지 작용하니까 그런 선택을 하는 것뿐입니다. 엄청나게 창조적인 에너지들이 허비되고 있는, 사회 전체로 볼 때 지극히 비생산적인 상태입니다. 이런 구조를 그냥 두고 학생들보고 "꿈을 꾸어라.""네가 하고 싶은 걸 해라." 하면 안 됩니다. 교육 시스템만 개혁해서는 의미가 없습니다. 미국에서는 창업해서 실패한 경력도 이력으로 가점 요인이 되는데, 한국은 창업했다가 망하면 그걸로 끝입니다. 이런 점이 문제라고 한두 사람이 말하는 게 아닌데 이 점만 들여다봐서는 고칠 수가 없습니다. 모두 복지와 연계돼 있습니다. 복지를 단순히 평등 지향적, 비생산적인 개념 논의로 받아들이는 자체가 대단히 비생산적인 발상입니다. 저는 사회보험 중에서 가장 중요한 것이 실업보험이라고 생각합니다. 우리나라 실업보험은 서구 선진국과 비교할 때 굉장히 취약합니다. 실업 상태가 되면 최소 2년 정도 기존 급여의 70%를 받고, 재취업을 위한 교육을 무료로 받을 수 있도록 하는 식으로 '숨 쉴 여유'를 제공하는 게 선진국의 실업보험입니다. 우리의 실업보험으로는 실업자가 낭떠러지로 떨어지는 것을 막지 못합니다. 이런 상황에서 누가 위험을 감수하면서 창조적인 아이디어를 찾아내겠습니까? 그러면서 "미래는 인공지능의 시대이고 창조적인 혁신이 필요하다." 이런 얘기를 한다는 것 자체가 앞뒤가 안 맞습니다. 일단 사회의 안전망이 제대로 서면 부모들도 아이들에게 공무원, 의사만 강요하지 않을 것입니다. 그러면 자연히 교육도 지금과는 달라질 수 있습니다. 좋아하는 공부를 하면서 자기가 행복한 일을 찾고, 그러면서 능력을 발휘하는 사람들이 많아질 것입니다.

대북정책의 기본목표를 말씀하시면서 '구심력'의 중요성을 강조하셨는데요. 지금은 구심력과 반대되는 힘, 즉 원심력이 더 강한 상황이라고 할 수 있습니까?

그렇습니다. 이제까지 우리가 구심력을 강화하려는 노력, 즉 통일을 위해 남북 간에 뜻을 합치려는 노력을 해온 것이 너무 부족했습니다. 국제정치 맥락에서 보면 주변 네 나라는 겉으로는 '한반도의 평화적 통일을 지지한다'고 하지만 실제로는 한반도에서의 현상유지와 세력균형을 원하지, 골치 아픈 변화나 불확실한 미래를 원하지 않습니다. 이 상태로 조금이라도 더 가주기를 원합니다. 그게 원심력이라고 할 수 있습니다. 이 원심력을 약화시키는 것이 우리 외교정책이어야 합니다. 그러면서 동시에 구심력을 강화시켜야 하는 것입니다. 다시 말하면 남북관계를 개선시켜가야 합니다.

북한이 지금과 같은 상태가 된 것은 냉전 종결 후 방향을 잘못 잡아서 그런 것이지, 순리대로라면 다른 사회주의 국가들처럼 1990년대 초부터 체제전환을 하면서 경제 시스템을 자본주의 시장경제로 바꿔나가야 했습니다. 주민들에 대한 정치적 통제가 약해질까 봐 그렇게 하지 않은 것이죠. 대신 핵과 미사일을 개발해서 체제안보를 유지하려고 한 것인데, 그때 단추가 잘못 끼워진 것입니다. 그 후 지난 20여 년 동안 우리와 다른 나라들이 비핵화 외교를 통해서 어떻게든 북한의 생각을 바꾸려고 노력했는데 안 된 것입니다. 그러는 사이에 핵과 관련된 상황은 20년 전보다 더 악화됐고, 지금은 최대 강수로 대북제재를 하고 있는 상황이 됐습니다. 지금 상황이 어떻게 풀리느냐가 앞으로 한반도 미래와 큰 관련이 있을 텐데, 지금 상황에서 가장 바람직한 것은 대북제재가 먹히는 것, 즉 북한 당국자가 마음을 바꿔서 테이블에 나와 비핵화를 진지하게 논하게 되고, 이를 통해 남북관계가 서서히 개선되면서 교류가 시작되는 것이겠지요.

그러나 그 방향으로 가리라고 예측하기는 어렵습니다. 당장 한 달 후, 두 달 후 상황도 예상하기 어려운 상황이 이어지고 있습니다. 그러다 보니 전적으로 김정은이 어떻게 반응하고 나오느냐에 남북관계가 좌우되게 되었습니다.

통일과 관련해서 가장 바람직한 방향이라면 평화롭게 교류를 지속하는 가운데 북한도 나름대로 경제발전을 상당 부분 이루고 시장경제도 받아들여서 어느 정도 남북 간 격차가 줄어든 상태에서 점진적으로 통일을 해나가는 것이겠지요. 그게 민족공동체통일방안의 핵심이고 여러 가지 면에서 볼 때 가장 바람직합니다. 그런데 지금은 이조차도 확신 있게 말하기 어려울 만큼 불투명한 상황입니다.

다만 확실한 건, 우리 정부가 할 일은 어떤 형태로 통일이 되더라도 거기에 맞게 대응할 수 있도록 철저하게 준비하는 것입니다. 북한 내부의 변화로 급작스럽게 통일이 되는 경우에 대한 여러 가지 시나리오를 준비해야 하고, 중요한 핵심 당사국인 미국·중국과의 협력관계도 잘 관리해야 합니다. 중장기적으로 통일로 진입하는 경우에 대한 시나리오도 준비해두어야 합니다.

그러는 동안 비정치적인 협력은 계속해야 합니다. 앞에서 의료·보건·환경 분야 협력을 예로 들었는데 인도주의적으로나 공동체의 관점에서 꼭 필요한 협력이이기도 하지만, 어떤 민감한 상황에서도 연결의 끈을 놓지 않기 위해 이런 협력은 계속해야 하는 것입니다.

최근의 정부는 통일 상황에 대한 대응을 제대로 할 만한 상태가 아닙니까?

무엇보다 대내외적으로 통일을 원한다는 메시지를 주지 못하고 있습니다. 그런 메시지를 주려면 우리가 정말 통일을 원한다는 일종의 자각이 있어야 하는데 그것부터가 부재하지요. 또한 외교는 국내 정치와 따로 작동하는 것이 아니라 긴밀히 연결돼 있는데 그런 맥락이 보이지 않습니다.

또 하나의 문제는 부처 간 협력이 안 되는 것입니다. 설령 정부가 어떤 분명한 정책 목표를 가지고 있다고 해도 이를 효율적으로 추진해갈 수 있는 시스템이 없으면 이룰 수가 없지요. 외교부, 국방부, 국정원, 통일부가 다 따로 작동해서는 아무리 좋은 목표라도 달성할 수가 없습니다. 과거 권위주의 정부 때는 서로 충성경쟁을 하느라고 협력이 안 됐는데, 지금은 총괄적 조정능력이 부족한 측면이 더 큰 것 같습니다. 국가안전보장회의(NSC)라는 게 있지만 형식적·명목상의 기관일 뿐 실질적인 정책총괄조정 기능을 못 하고 있습니다. 앞서 말한 것처럼 통일과 외교, 국내 정치 및 정책이 하나의 전략적 방향성을 가지려면 NSC의 장에게 상당한 권한을 주고, 그 권한을 행사해서 부처들 간 정책 조정이 원활하게 이뤄지도록 해야 합니다. 제도도 중요하지만 실질적으로 협력적 운용이 되려면, 우리 정부 체계에서는 아무래도 대통령이 중요합니다. 대통령 하기에 달려 있습니다.

안전한 놀이터와
지속가능한
삶을 향하여

희망제작소 창립 10주년 기획연구인 '시대정신을 묻는다'는 단순하게 볼 때 두 파트로 구성됐다. 하나는 '인터뷰', 다른 하나는 '데이터 분석'이다. 먼저 한국 사회의 오피니언 리더라고 할 수 있는, 각 분야를 대표하는 전문가들을 인터뷰하고, 그 내용 전체를 분석해서 '현재 한국의 시대정신'이라고 할 수 있을 만한 키워드를 뽑아 제시하자는 것이었다. 이에 따라 이헌재 전 경제부총리, 장덕진 서울대 사회발전연구소장, 장하성 고려대 경영대 교수, 오건호 내가만드는복지국가 공동운영위원장, 박상훈 후마니타스 대표, 조한혜정 연세대 명예교수, 이정동 서울대 공대 교수, 정재승 KAIST 바이오및뇌공학과 교수, 윤순진 서울대 환경대학원 교수, 주성하 〈동아일보〉 기자, 윤영관 전 외교통상부장관 등 경제·사회·복지·

정치·과학·환경·통일·외교 등 각 분야 전문가 총 11인과 인터뷰를 진행했다.

핵심내용 위주로 요약된 인터뷰는 온라인 매체 〈허핑턴포스트코리아〉 블로그를 통해 2016년 1월 21일~6월 14일 사이에 연재됐다. 이 연재물은 페이스북 게시물 기준으로 '좋아요' 7만 건 이상, 공유 1만 건 이상(2016년 7월 집계 기준)을 기록하는 등 상당한 호응을 얻었다.

희망제작소는 11회의 인터뷰가 끝난 직후, 데이터 분석 전문업체 아르스프락시아(대표 김도훈)에 의뢰해서 인터뷰 녹취록 전체를 의미 연결망 분석(semantic network analysis) 방식으로 분석했다.

분석 방법은 먼저, 각 인터뷰 대상들의 인터뷰 전문에서 가장 빈번히 나타난 핵심화두(Denotation), 그리고 각 단어들의 선후관계 분석을 통해 찾아낸 암묵적 고민(Connotation)를 짚어내는 것이었다.

예를 들어 장하성 교수가 가장 많이 말한 단어는 '재벌'(핵심화두)이었는데, 말한 단어들의 선후관계를 연결해볼 때 근원에 있는 것은 '박정희'(암묵적 고민)였다. 이렇게 도출한 키워드들을 연결해서 설명하기 위해 김도훈 대표는 세 개의 동그라미가 동심원을 이루는 분석 틀을 제시했다.

이 동심원의 가장 바깥 원에는 사회의 시스템 환경에 대한 설명이 들어간다. 사회의 주도적 통치원리 및 수단(거버넌스), 거버넌스 적응 대가로서의 이익(인센티브)를 밝히고자 하는 것이다.

가운데 원에는 그와 같은 환경하에서 개인들이 취하게 되는 전략

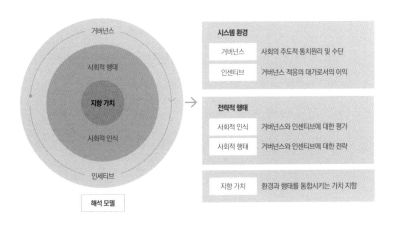

인터뷰 분석 틀

적 행태가 들어간다. 거버넌스와 인센티브에 대한 평가(사회적 인식), 그에 따른 전략(사회적 행태)를 보여주기 위한 것이다. 마지막으로 동심원의 가장 안쪽 동그라미에는 그 사회의 지향 가치, 즉 환경과 행태를 관통하는 가치를 제시했다.

이 해설의 틀을 놓고 김 대표와 희망제작소 연구원들은 수차례 토론을 통해서 '시대정신을 묻는다' 인터뷰 전체의 의미 연결망 분석 결과를 정리했다. 그 결과, 총 세 개의 동심원을 도출했다. 한국 사회의 현재를 만든 두 개의 과거를 설명하는 동심원 두 개, 그리고 지금부터 지향해야 할 미래상을 담은 동심원 하나다. 그 세 번째 동심원의 가장 가운데 동그라미에 들어갈 키워드가 한국 사회가 요구하는 시대정신, 지향해야 할 미래 가치라는 것이다.

결론을 먼저 전하자면 그 키워드는 '안전한 놀이터와 지속가능한 삶'이다. 안전한 '놀이터'란 사회가 개인들에게 제공해야 하는 바람직한 환경으로, 생존을 위협받지 않으면서 마음 놓고 새로운 일을 시도할 수 있는 열린 환경을 말한다. 그 안에서 개인들이 생존을 위한 과도한 경쟁을 벌이는 것이 아니라 적정한 선 안에서 공존·공생하는 지속가능한 삶을 지향하는 것이 지금 한국 사회의 구성원들이 원하는 사회상이라는 것이다.

1. 과거: 두 개의 모델

첫 번째 과거: 국가주도 성장지상주의(박정희 모델)

한국 사회의 현재 모습은 과거 겪었던 두 개의 과거가 겹쳐진 결과다. 그중 하나는 박정희 모델이고, 다른 하나는 IMF모델이다.

박정희 모델은 '국가주도 성장지상주의' 모델로 설명할 수 있다. 이는 국가가 모든 자원을 동원하고 배분하는 국가동원형 제도 환경을 갖췄고, 경제성장을 지고지선의 가치로 삼는 성장지상주의하에서 작동했다. 이 모델 아래에서 사회적 가치는 가부장적 획일주의였다. 위에서 기획하고 결정하면 아래는 모두 다 같이 따라야 하는 사회모델이다.

이런 환경에서 개인은 소득증대와 신분상승 기회를 찾아 경쟁했다. 국가가 자원배분의 열쇠를 쥐고 있었기 때문에 이때 필요한 주요 전략은 지대획득이었다. 국가에 가까이 가야 자원을 배분할 수 있었고, 그것이 지대획득의 기회가 됐다. 정경유착이라는 표현이 이때 나왔고, 소 팔아 고시공부 시키는 부모들의 이야기가 회자됐다.

이 시기 개인과 사회는 성장지상주의라는 가치를 공유했다. 수출이 늘어나는 것은 개인들에게도 좋은 것이라 여겼고, 월급이 조금이라도 늘어나면 그 덕이라고 생각했다. 이 과정에서 인권과 노동권이 희생돼도, 주말과 가족, 일터 안전이 희생돼도 괜찮았다. 다른 욕구와 다른 의견은 철저히 차단됐다. 다양성의 가치는 당연히 희생될

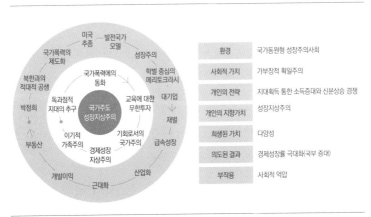

박정희 모델- 국가주도 성장주의 모델

수밖에 없었다. 정치적 다양성도 경제적 다양성도 성장지상주의의 제단 앞의 제물이었다. 정치적 반대자는 숙청됐고, 노동조합은 탄압받았다. 이런 사회가 기업가에게 요구하는 미덕은 혁신과 모험이 아니었다. 정부의 자원으로 정부의 계획에 잘 맞춰 투자하고 생산하는 순종과 근면이 미덕이었다.

이 체제가 목표로 삼은 결과는 경제성장률 극대화였다. 궁극적으로는 국부 증대가 목적이었다. 나라의 부가 커지면 결국 모두가 잘살게 되리라는 생각이 이 모델을 지탱했다. 동시에 국가가 기획한 가치 아래 획일적으로 순응하는 공동체를 지향했다. 이 체제는 그 자체에 억압을 내포할 수밖에 없었다. 그러나 국부 증대라는 목표를 향해 사회를 움직이던 지배세력은 성장지상주의의 힘으로 이 억압을 우회할 수 있었다.

두 번째 과거: 시장주도 성장지상주의(IMF모델)

두 번째 과거인 'IMF모델'은 격차기반 성장지상주의 모델이라고도 할 수 있다. 시장이 주도하는 격차사회가 이 모델의 제도적 환경이었다. 사회 구성원 간 격차가 커지면 더 나은 보상을 획득하기 위해 더 치열한 경쟁이 벌어지게 되고, 이런 경쟁이 사회 효율성을 높일 것이라는 사회적 가치를 내포한 모델이다.

이 모델하에서 개인들은 시장경쟁에서 승리하기 위해 스스로에게 투자하며 경쟁력을 높여갈 것을 기대받는다. 사회 전체 역량이 높아지면 개인도 성장할 것이라는 논리다. 그러나 개인들은 다른 전략을 채택했다. 시장 뒤에 숨어서, 경쟁을 피하기 위한 경쟁을 치열하게 펼치기 시작했다. 공무원시험 열풍과 자격증 전성시대는 이런 모습을 상징적으로 보여준다. 격차가 너무 커져 시장에서의 생존조건 확보가 지나치게 위태로워지자, 오히려 지대를 획득해 생존조건을 확보하려는 경쟁이 커지는 양상이다. 물론 상당수는 시장을 통해 생존조건을 확보하는 치열한 경쟁에 뛰어들기도 한다.

　이 사회에서 개인은 각자도생의 가치를 체득하게 된다. 격차기반 사회에서 협력과 연대는 불필요하다. 혼자 경쟁하는 게 더 가볍고 안전하며 생존확률도 높기 때문이다. 그래서 각자도생형 성장지상주의가 이 사회의 지향가치다.

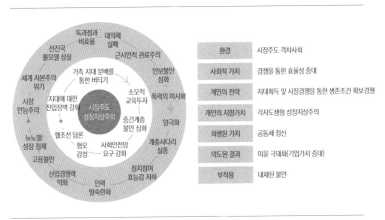

IMF모델- 격차기반 성장주의 모델

IMF모델은 이윤 극대화를 통해 사회를 성장하도록 만들겠다는 의도를 갖고 있었다. 이윤 극대화는 기업가치를 높이고 사회 전체 부를 늘리게 된다는 생각이 전제됐다. 보편적인 경쟁의 규칙 아래 각자 스스로의 타자와 협력하고 경쟁하면서 각자의 경쟁력을 높이는 공동체를 구상했다. 이 체제는 참여자들에게 불안을 줄 수밖에 없었다. 각자도생하다 실패하면 혼자 죽게 되니 말이다. 이런 과정에서 실패할 위험을 짊어지게 된 개인들은 상시적 불안에 시달리게 됐다.

2. 중첩된 실패

두 가지 과거 모델은 각각 시대적 배경을 가진다. 박정희 모델은 수출 중심의 고속성장이 가능했던 1960~70년대 세계 자본주의 경제의 성장세에 얹혀 있었다. 국가가 주도해 수출을 늘리는 전략과 그렇게 경제성장률을 높이겠다는 목표가 가능한 환경이었다.

IMF모델은 1980년대 이후 레이거노믹스, 대처리즘, 워싱턴컨센서스로 이어지면서 세계 자본주의를 휩쓸던 시장주도형 성장모델 (이른바 신자유주의 모델) 강화 흐름과 맥을 같이하고 있었다. 개방과 경쟁강화 전략으로 효율성을 키워 경제의 질을 높인다는 목표가 합리적으로 보이는 시기였다.

그 두 가지 환경은 2008년 글로벌 금융위기를 기점으로 사라졌다. 그 환경으로 지탱되던 과거 모델의 전략과 목표도 합리성을 잃어버렸다. 그러나 두 개의 모델이 제시하던 전략과 목표는 여전히 한국 사회에 남아 있다. 사회의 전략과 목표가 시대와 맞지 않아 삐걱거린다. 두 모델이 원래 의도하던 목표는 달성하기 어려운 것이 되었다. 한국 사회는 성장의 실패와 공동체의 실패라는 거대한 두 가지 실패를 경험하게 됐다.

두 모델 모두 현재 한국 경제에서 성장 실패의 원인을 제공한다. 박정희 모델은 시간이 흐르면서 특권층을 만들어냈고, 특권층은 획일주의를 통해 사회를 지배하며 지대를 획득하려는 경향을 띠게 됐다. 이런 경향은 자본주의적 성장의 기반인 창의성을 억압한다. 창의성이 점점 더 중요한 성장요인이 되어가는 시대가 오면서 이 모델은 원래 의도한 결과이던 경제성장을 달성하기 어렵게 됐다. 도리어 성장을 억눌러 정체를 가져오고 경제의 구조적 부실을 불러오는 원인이 됐다. 2010년 이후 현재까지 이어지는 조선·해운업 부실화 과정은 박정희 모델이 현재 한국 사회에서 어떻게 작동하는지를 보여주는 사례다.

한편 IMF모델은 경쟁을 통한 효율화를 추구했으나, 지나친 생존경쟁이 승자독식으로 이어지면서 경쟁의 승자가 되면 경쟁하지 않게 되는 '경쟁의 역설'을 불러오게 된다. 승자독식은 격차를 키웠을 뿐 아니라 고착화시키기도 한다. 새로운 기업이 나타나기 어려운 재벌중심 경제체제와 극심한 원청·하청 갑을관계, 정규직·비정규직 차별 등이 그 결과다. 결과적으로 경제의 역동성이 떨어진다. 역동성이 떨어진 경제는 성장 정체로 이어진다.

두 모델은 현재 한국 경제에서 공동체의 실패 원인도 제공하고 있다. 박정희 모델에는 획일주의와 가부장적 서열구조가 전제된다. 이질성은 포용의 대상이 아니라 배제와 관리의 대상이다. 사회 다양성이 커질수록 이 모델은 위태로워진다. 공동체는 실패할 수밖에 없다.

IMF모델은 공동체 구성원들을 생존경쟁으로 밀어 넣었다. 각자도생 전략은 연대와 협력의 가치를 파괴한다. 전제조건이어야 할 공정한 경쟁의 규칙은, 지나친 승자독식 구조가 이어지면서 사라지고 만다. 공동체가 지탱될 수 있는 최소한의 조건마저 사라진 것이다.

3. 미래를 향해

현재의 실패를 극복하려면 한국 사회에는 새로운 방향타가 필요하다. 박정희 모델과 IMF모델을 뛰어넘는 새로운 사회 운용 모델이 있어야 한다. 인터뷰와 분석을 통해 잠정적으로 도출된 새로운 모델을 우리는 공동체 주도 지속가능발전 모델이라고 부른다. 현재 시효가 지난 국가주도형 모델, 실패한 시장주도형 모델을 넘어 민간 공동체가 주도하는 사회를 지향한다. 그리고 성장지상주의를

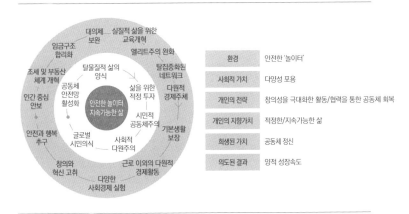

환경	안전한 '놀이터'
사회적 가치	다양성 포용
개인의 전략	창의성을 극대화한 활동/협력을 통한 공동체 회복
개인의 지향가치	적정한/지속가능한 삶
희생된 가치	공동체 정신
의도된 결과	양적 성장속도

공동체 주도 지속가능발전 모델

넘어 경제성장 이외의 다른 가치를 포괄하는 발전모델을 구상한다. 개인은 이 안에서 각자도생 및 지대획득 노력 대신 창조적 모험과 협력을 새로운 전략으로 채택할 수 있게 된다.

환경

새로운 모델의 제도적 환경은 '안전한 놀이터'라고 요약할 수 있다. 사회 참여자들이 마음 놓고 새로운 일을 시도할 수 있는 환경이다. 마음껏 뛰어놀아도 안전하다는 놀이터의 약속이다. 무엇을 시도하든 실패해도 생존에 위협은 받지 않는다는 사회적 메시지다. 특히 다음 세대가 맞을 시대를 생각하면 더욱 이런 환경이 필요하다.

인터뷰 대상자들은 이런 환경을 아래와 같이 표현했다.

윤영관 신자유주의나 대기업 위주의 경제모델을 대체하는 새로운 경제발전 모델을 위해서는 국가의 역할, 정의가 바뀌어야 한다고 본다. 1970~1980년대처럼 국가가 위에서 군림하는 자세가 아니라 국가가 오히려 서비스를 제공하고 환경을 제공하고 열심히 그 안에서 뛸 수 있는 운동장을 만들어주는 역할을 해줘야 한다.

이헌재 정책은 대담하고 단순해야 한다. 젊은이들의 무한한 창의력이 펼쳐지도록, 기회가 열려 있고 차별이 없는 '놀이터'를 만들어주기만 하면 된다. (중략) 기성세대는 젊은이들이 와글와글 일할 수 있는 시장, 하나의 놀이터를 조성하는 데만 애를 써야지 '이렇게 놀아라, 저걸 갖고 놀아라.' 하고 나서지 말아야 한다.

조한혜정 청년들에게 시대에 맞지 않는 교육을 시키고 '무업無業사회'에 내던진 데 대해 국가와 부모는 책임을 져야 한다. 배상 차원에서라도 청년들에게 1년 정도 자유로운 경험을 하고 자기들끼리 작당해볼 기회를 줬으면 한다.

이를 위해 갖춰야 할 구체적인 제도적 변화들이 있다. 핵심적인 것은 다음과 같은 것들이다.

• **실업급여 등 사회보험 강화**: 시장에서 실패해 바깥으로 밀려나더라도 재기할 시간을 벌 수 있어야 한다. 그래야 사회 참여자들이 위

험을 감수하고 혁신을 시도할 수 있다.

• **기본생활 보장 강화**: 모든 것이 잘못되어도 최후의 안전망이 있다는 인식이 있어야 사회 참여자들이 생존을 위한 각자도생과 무한경쟁 대신 다른 전략을 모색할 수 있다.

• **교육·보육 등 육아비용 절감**: 자녀를 낳아 기르는 비용은 공동체가 부담해야 한다. 생산활동을 감당하고 사회 역동성을 이어갈 새로운 세대에 인센티브를 제공해야 한다.

• **임금차별 해소**: 노동시장 내에서는 능력과 성과에 따라 공정하게 보상받아야 한다. 그래야 지대획득을 위한 경쟁을 멈추게 된다.

장하성 기업이 극단적으로 어려워지거나 기업계가 흔들리면 정부가 개입한다. … 국민의 세금으로 메꿔주기도 하고. 자본주의 시장경제에서 정부 역할이란 게 바로 그런 거다. 내버려두고 시장에 맡기는 게 아니라 시장이 작동하지 않거나 시장이 작동한 결과가 우리 사회나 국민이 원하는 결과가 아니면, 제대로 된 방향으로 가도록 정부가 개입하는 게 당연하다. … 1997년에 (정부가) 기업에 개입하여 150조 원 이상을 써서 구했다. (따라서) 국민이 어려우면 당연히 국가가 개입해야 한다. 분배정책에 정부가 직접 개입하거나 궁극적으로 임금조정정책에도 개입을 할 수밖에 없다.

윤영관 학생들에게 '뭘 하고 싶으냐'고 물으면 '좋아하는 걸 하고 싶지만 굶어 죽지 않고 살 수 있을지 자신이 없다'고 한다. 현실에 대한 불안 때문에 학생들이 공무원 시험, 로스쿨, 의대로 몰려 엄청난 에너지가 국가적으로 낭비되고 있다. 새로운 걸 하다가 실패해서 실업자가 돼도 최소 2년은 기존 소득의 70%까지 보장받는다는 확신이 있으면 왜 그 길로 안 가겠나. 사회가 안정되고 공동체의식을 강하게 유지하면서 미래지향적으로 발전하는 토대를 제공하는 것이 복지 시스템이다.

이정동 많은 기업에서 사장님들이 우리는 퍼스트 무버가 되겠다고 하면서, 직원들한테 우리는 1년 안에 실수 없이 퍼스트 무버가 되자고 이야기한다. 우리 산업이 퍼스트 무버로 움직여가는 방식이 옛날 방식이다. 퍼스트 무버가 된다는 건 바로 앞이 보이지 않는 안갯속을 걷는다는 뜻이다. 주춤거리고 더듬거리고 때때로 돌부리에 채이고 그런 과정이 필연적이다. 그 전제를 빼고 얘기하니까 사람들이 공허한 메시지만 늘어놓는다고 느낀다. 실수가 있을 수밖에 없다. 글로벌 선진 기업들이 많이 모인 글로벌 선진국이라고 하는 곳은 그런 시행착오를 무수히 접한 곳이다. 스페이스X, 픽사, 테슬라도 그렇다.

장덕진 복지 지출은 규모보다 어디에 쓰는지가 중요하다. 일본처럼 연금과 의료복지에 쓴다면 그냥 사라지는 돈일 뿐이다. 노동과 가족에 쓰면 출산율이 올라가기 때문에 20년만 기다리면 다시 세수가 늘어난다.

사회적 가치

　획일성과 효율성을 넘어선 새로운 사회적 가치는 '다양성의 포용'이라야 한다. 이 놀이터에서는 다른 이와 똑같아져야 한다는 가치를 강요하지 않는다. 다른 이보다 더 빠르고 더 커야 한다며 같은 기준의 잣대를 들이대지도 않는다. 다양한 기준과 다양한 목적이 어우러지면서 그 전체를 포용하는 것 자체를 사회적 가치로 제시한다.

정재승　우리 사회의 가장 큰 문제점은 다양성 존중의 문화가 부족하고 획일화된 가치관을 강요한다는 것이다. 생물학적 관점에서 봐도 하나의 시스템이 환경적 변화를 이겨낼 수 있는 건강함을 갖기 위해서는 그 안에 다양한 요소들이 공존하고 때로는 협력하고 때로는 경쟁하면서 진화해가야 한다. 우리 사회는 언젠가부터 다양성보다 더 강력한 국가적 어젠다가 있는 것처럼 생각되면서 다양성이 희생되고 그게 암묵적으로 용인되어왔다.

개인의 전략

　다양성이 포용되는 안전한 놀이터에서 개인들은 두 가지 형태의 새로운 전략을 채택할 수 있게 된다. 하나는 창조적 실험이고 또 하나는 대화와 협력이다.

　창조적 실험이란 다시 말해 '매우 새로운 실험'이다. 엉뚱한 생각을 가진 이들이 자신의 생각을 구현해보는 전략이다. 한국의 산업화를 이끈 박정희 모델의 획일주의적 '일사불란' 생산전략과는 대조적이다. 이 전략은 누군가 뛰어난 한 사람이 해법을 제시하고 모두가 따르는 방식의 문제해결이 불가능한 상황에서는 매우 효과적일 수 있다.

대화와 협력은 다시 말해 '둘러앉아 이야기하기'이다. 과거의 '복종과 순응' 전략과 '각자도생' 전략은 한국 사회 합의구조를 깨뜨렸다. 순응 전략과 각자도생 전략 아래서 수평적인 대화와 협력은 무용하다. 시키는 대로 하거나 나 혼자 해야 하기 때문이다. 그러나 다양성을 포용하는 새로운 환경 아래서는 대화와 토론을 통해 다름을 인정하면서 합의를 이루어가고, 이 과정을 통해 협력구조를 만들어 함께 성장하는 전략이 가능해진다.

이정동 새로운 비즈니스를 창출하는 쪽으로 가지 않으면, 이건 외통수다. 시행착오를 범하는 쪽으로 가지 않으면 안 된다. 기존 비즈니스 뜯어먹는 건 안 된다. 새로운 비즈니스를 하더라도 시행착오가 적을 수밖에 없는 비즈니스… 이런 건 뜯어먹는 거다. 지금 딥마인드처럼 없는 걸 만들어야지… (시행착오가 적은 비즈니스는) 치킨집하고 똑같다.

박상훈 무정형적인 시민참여가 아니라 집단으로 참여할 수 있는 기반이 좋아져야 한다. 지역으로는 마을 단위든 구 단위든, 다른 차원에서는 자영업자든 비정규직이든 결사를 통해서 이뤄져야… 많은 경우 민주주의를 비교할 때 각 나라 결사체적인 기반이 어떤가가 중요하다. 웬만한 사람은… 정당의 당원이기도 하고, 노동조합 조합원이기도 하고, '우리마을환경지킴이' 모임에도 나가고, 교통 자원봉사자로도 일하는 등… 이런 활동들이 공동체를 풍요롭게 한다.

조한혜정 한 명만 '아 아니잖아.' 하면 의논을 해서 모든 사람들이 납득할 때까지 다시 토론한다. 인간 사회가 좋은 사회라고 하면 바로 그거다. 그게 되는 사회냐를 봐야 한다.

개인의 지향가치

새로운 모델 아래서 개인이 지향하는 가치는 지속가능한 삶으로 수렴될 수 있다. 소득을 극대화해서 자산을 축적하며 신분을 상승시키는 것이 평균적 한국인의 지향가치일 필요는 없다. 오히려 적정한 소득을 벌어들이면서 생존하고, 다양한 활동을 균형 있게 하는 삶이 평균적 한국인의 지향점이 될 수 있다.

16년간 노동할 준비를 한 뒤, 주 5일 48시간 30년을 조직과 운명을 같이하며 살아가다가, 일정한 나이가 지나면 은퇴해 '여생'을 보내며 마지막을 준비하는 생애시계는 어차피 불가능해진다. 노동하는 시간과 노동하지 않는 시간 사이의 경계는 점점 불명확해지고 불규칙해질 수밖에 없다. 노동자로 고용되어 일하는 근로 이외의 다른 경제활동도 늘어난다. 비영리 활동, 사회적 경제활동, 기부/자원봉사 등의 활동이 여기에 해당된다.

이런 상황에서 삶에 주어진 시간을 최대한 조직적 생산에 투입해 규율에 맞춰 살아가면서 소득을 극대화하는 사람이 올바른 시민이라는 가치는 점점 빛을 잃을 수밖에 없다. 대신 조직적 생산과 자족적 생산, 일과 여가 사이의 균형을 찾는 삶, 그런 적정하며 지속가능한 삶이 더 가치 있는 것으로 여겨지는 사회로 변화해야 한다. 적정한 삶에 맞는 새로운 에너지 체제도 필요해진다.

조한혜정 국가와 시장 단위가 아니라 먼저 지역과 마을 단위로 생각하고 일해야 한다. … 시민이 지혜로워져야 한다는 것이다. 저쪽이 얼마나 우둔하고 약한지 알아내려면 나부터 잘 살아야 한다. 마을에서 함께 모여서 밥 먹고 아이들도 같이 키우고, 오순도순 살고, 동네 식당도 차려보고, 사회적기업·마을기업도 하면서 잘 살아보자는 것이다.

윤순진 에너지 소비, 나아가서 물질적인 소비 자체를 줄이는 방향으로 가야 한다. 이미 이 시대를 사는 우리는 지구 전체 생태용량의 1.5배를 쓰고 있다. 미래세대가 쓸 것까지 가져와서 쓰고 있는 것이다. 심지어 '인류세'(Anthropocene)라는 표현도 있다. 이 시대가 지질시대로 치면 신생대 제4기 '충적세'인데, 지금 우리가 지구에 미치는 영향이 너무나 커서 '인류세'라는 이름으로 따로 불러야 한다는 것이다. 이런 방식은 지구가 감당할 수 없고, 이제는 멈출 때라는 것을 한시라도 빨리 인정해야 한다.

희생될 수도 있는 가치

새로운 모델 아래서는 양적 성장을 최고의 가치로 여기던 사회 통념이 깨어질 수밖에 없다. 생산과 성장을 사회적 가치의 최우선 순위에 놓는 과거 모델은 사라지게 된다. 사회적 의사결정 과정에서 과거와 달리 성장은 여러 가지 가치들과 병렬적으로 놓이는 지위를 갖게 될 가능성이 높다.

이미 2008년 글로벌 금융위기 이후 '낙수효과', 즉 상위 1%의 이윤 추구가 사회 전체의 이익으로 환원된다는 주장은 실체가 없음이 상식이 됐기 때문에 더 이상 '성장을 멈추면 다 죽는다'는 위협은 통하지 않게 됐다. 마치 달리는 기차에서 떨어지면 큰일 나는 줄 알고 매달려 가던 사람들이 용기를 내 기차에서 내려선 뒤에야 풍경을 만끽하며 걸을 수 있게 되는 것처럼, 사람들은 속도를 조절하면서 사는 방법을 체득하게 된다.

의도된 결과

이 모델이 의도하는 결과는 사회 지속가능성을 극대화하는 것이다. 성장과 효율성은 여전히 중요한 사회 성과물로 여겨지겠지만, 이제 그 지위가 바뀌어 지속가능성의 하위 범주로 흡수된다. 또한 효율성의 용법이 단순한 양적 경제성장이나 비용절감을 넘어서면서, 성장은 경제·환경·사회적 가치의 균형 있는 성장, 자원의 효과적인 사용 등으로 변화한다.

지속가능성의 극대화는 공동체의 활력을 높인다. 획일적 사회에서 새로운 시도는 범죄처럼 여겨졌다. 격차기반 사회에서 새로운 시도는 파멸의 지름길로 여겨졌다. 하지만 안전한 놀이터에서 새로운 시도는 즐거운 실험으로 받아들여지고 권장된다. 또한 대화와 토론이 어느 때보다도 더 필요해지고 권장된다. 따라서 활동 측면이나 지식의 교류 측면에서도, 공동체의 활력은 오히려 높아진다.

좀 더 입체적으로 살펴보면, 앞으로 만들어가야 할 새로운 모델의 환경은 거버넌스와 인센티브 구조의 두 차원으로 볼 수 있다.

새로운 모델의 거버넌스는 '안보'로부터 시작한다. 큰 틀에서 우리 삶을 규정하는 국가안보 수준에서의 평화체제 확보는 그 출발점이나, 안보 개념이 더욱 확장되어야 한다. 헌법에서도 국가가 해야 할 역할을 '안보'로 보고 있는데, 국토안보·사회안보·경제안보의 세 기둥을 모두 안보로 포괄하고 있다. '안전한 놀이터'를 만들기 위한 거버넌스는 그렇게 확장된 안보인 '인간 중심 안보'로부터 출발한다.

사회 거버넌스는 다양한 차원에서 변화가 필요하다. 조세 및 부동산 체계와 임금구조는 사회 참여자들이 공정성을 체감할 수 있도록 변화해야 한다. 다원화된 사회의 다양한 목소리가 담기도록 대의제가 보완되어야 하며, 보완된 대의제는 다시 다양성을 확장시키면서도 구성원들을 안전하게 하는 토대가 되어야 한다. 교육의 변화는 엘리트주의 완화와 사회의 탈집중화로 이어져야 하며, 이는 다원적 경제주체가 튼튼하게 설 수 있는 거버넌스가 된다.

　새로운 모델의 인센티브 구조는 '안전한 놀이터'로 작동하도록 기본생활을 튼튼하게 보장하는 것이다. 이런 구조 아래서는 '직업'과 '근로'의 개념이 바뀌면서 전통적 경제활동 이외의 다양한 활동이 경제활동으로 인정받을 수 있다. 새로운 형태의 기업과 비영리조직 등 다양한 사회경제 실험이 일어날 수 있게 되고, 실패를 두려워하지 않고 창의와 혁신을 추구할 수 있는 유인이 생긴다. 결과적으로 사람들은 각자도생의 경쟁을 벌이거나 권위에 순종하며 지대획득을 추구하기보다는, 공동체 안에서 협력하며 안전과 행복을 추구할 가능성이 높아진다.

　이런 환경 아래서는 사람들의 행태와 인식도 달라질 수 있다. 국가에 무작정 기대지 않고 공동체 스스로 안전망을 만들고 활성화하는 연대활동을 벌일 수 있다. 삶의 양식은 좀 더 탈물질적이 되며, 과거 사교육 과잉투자 등 무한경쟁을 위한 무한투자를 하던 행태에서 벗어나 삶을 위한 적정투자를 할 수 있게 된다.

　이 모델 안에서는 시민적 공동체주의와 사회적 다원주의가 사람들의 주된 인식체계가 된다. 여기에 더해 국가의 경계를 넘는 글로벌 시민의식까지 가질 수 있다. 단순히 당위적으로 강조하는 게 아니다. 이런 인식체계를 가진 사람들이 긍정적 인센티브를 얻을 수 있는 구조가 만들어진 상태이니, 보편적 인식체계가 좀 더 쉽게 변화할 수 있다는 점을 강조하는 것이다.

4. 무엇을 할 것인가

두 가지 시급한 과제가 제시됐다.

하나는 제도적 변화를 만들어낼 정치적 리더십 형성이다. '안전한 놀이터'를 만들기 위한 제도변화 아이디어는 이미 많은 부분 나와 있다. 문제는 우리 사회에 이런 변화에 대한 합의를 형성하는 리더십이 부족하다는 데 있다. 정치의 역할을 주목할 수밖에 없다. 특히 정치의 역할에서 중요한 것은 리더다. 새로운 변화의 패러다임을 체득하고 있는 리더가 등장할 필요가 있다. 또한 이 리더는 합의를 도출할 수 있는 촉진자 역할을 할 수 있어야 한다. 비전이 중요하고 혁신이 중요하지만, 그 내용이 한국 사회 대다수의 합의에 기초하고 있는 것이어야 한다는 점이 더 중요하다. 그래서 사회적 타협이 가능한 정치구조를 만들어낼 수 있어야 한다. 한편 이런 리더와 정치구조를 가능하게 만드는 정당구조를 만들어내는 것도 중요한 정치적 과제다.

다른 하나는 사회적 연대의 형성이다. 많은 경우 정치의 진전을 가로막는 것은 시민이다. 복지의 진전을 가로막는 것은 복지 수혜자들일 때가 많다. 시민들이 주체를 형성해 자신들에게 필요한 제도적 변화를 요구하고, 여기 필요한 비용을 지불하기도 하는 적극적 역할이 필요하다. 이를 위해서는 사회 곳곳에서 '둘러앉아 이야기하는' 자발적 결사체들이 나와야 한다. 마을공동체일 수도 있고, 학부모나 노동자 같은 이해관계자 조직일 수도 있고, 취미와 관심사 모임일 수도 있다.

그렇다면 어떤 실천이 어떻게 기획되어야 할까? 정치 영역에서 이는 명백하다. 20대 국회에서 합의를 통해 새로운 패러다임 모색이 가능하다는 점을 보여줄 수 있어야 한다. 2017년 대통령선거, 2018년 전국동시지방선거 등 임박한 선거에서 사회적 타협의 틀을 짤 수 있는 리더를 선출하는 일이 필요하다.

또 아파트 단지마다 학교마다 농촌 마을마다, 취미활동과 정치활동 모임마다 제대로 의논하고 의사를 결정하는 과정이 구현되어야 한다. 그 과정이 쌓이고 쌓여 국가 의제에 대한 공감대도 만들어지고 확산될 수 있어야 한다. 서로 다른 의견이 이성적으로 토론되며 차례로 관철되고 타협되며 뭉쳐져야 한다. 이게 바로 풀뿌리 민주주의다.

현재의 인구구조 변화와 사회 경직화 및 갈등 확대 속도를 볼 때, 남은 시간이 그리 길지 않다는 게 '시대정신을 묻는다'에서 만난 인터뷰 대상자들의 한결같은 지적이었다.

장덕진 사회적 합의, 사회적 대타협이 가능한 틀을 만드는 것이 한국 사회에서 가장 시급한 일이다. 그게 우리에게 남은 7~8년 안에, 이번 또는 다음 정부가 반드시 해야 할 일이다. 그래야 장기적인 문제에 손을 댈 수 있다. … 다음 대통령이 돌이킬 수 없는 사회적 타협의 틀을 만들고… 여기서 합의한 내용은 반드시 지켜야 하며, 합의 후에 따르지 않는 주체는 공공의 영역에 다시는 설 수 없다는 사회적 약속을 만들어낸다면, 당장의 영웅은 안 될지라도 역사에 남을 대통령이 될 수 있다.